AF243418

NOTES ET SOUVENIRS

D'UN

CHIRURGIEN D'AMBULANCE

NOTES ET SOUVENIRS

D'UN

CHIRURGIEN D'AMBULANCE

PAR

LE Dr A. DOYON

CHIRURGIEN DE LA 2ᵉ AMBULANCE LYONNAISE,
MÉDECIN INSPECTEUR DES EAUX D'URIAGE (ISÈRE),
CHEVALIER DE LA LÉGION D'HONNEUR.

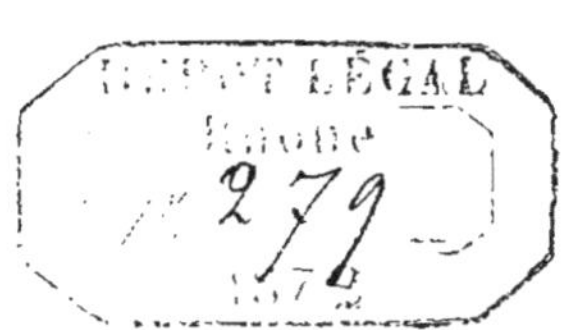

LYON

IMPRIMERIE D'AIMÉ VINGTRINIER,

Rue Belle-Cordière, 14.

—

1872

NOTES ET SOUVENIRS

CHIRURGIEN D'AMBULANCE

Je dois expliquer, d'abord, quels sont les motifs pour lesquels je ne commence le récit de notre campagne qu'au lendemain de la prise d'Orléans par les Prussiens, c'est-à-dire le 5 décembre 1870. Je suis entré dans la 2e ambulance lyonnaise au moment de sa formation, sous la direction de M. le docteur Gayet. Dès le 15 octobre, j'arrivais à Lyon, et trois ou quatre jours après je partais avec un de mes collègues et amis, M. le docteur Gautier, membre de la même ambulance, pour aller en mission à Tours, dans le but de savoir sur quel point devait se porter notre ambulance, afin d'être à même de rendre les plus utiles services. Plus tard M. le docteur Gayet, rappelé par d'autres devoirs, nous ayant quitté au commencement de décembre, quelques jours après la prise d'Orléans, et m'ayant à ce moment chargé de le remplacer comme chef de l'ambulance, j'ai cru ne devoir commencer ma relation qu'à cette époque, n'ayant jusque là aucun titre pour rapporter les faits qui s'étaient passés antérieurement, bien que j'y eusse pris une part active. En réalité, en ce qui me concerne, mon service dans la 2e ambulance date du 20 octobre 1870 et se termine le 10 mai 1871.

Donc, au 5 décembre, nous avions perdu dans la retraite de Chilleurs à Orléans deux de nos fourgons, ceux-là justement qui contenaient la partie la plus importante de notre matériel. Il s'agissait donc de les ressaisir à tout prix. Aussi, dès le matin, pendant que M. Gayet s'occupait du service chirurgical de l'ambulance, me mis-je en quête auprès des autorités militaires prussiennes pour obtenir un sauf-conduit, afin de retourner à Chilleurs et de nous faire restituer nos fourgons. Je me rendis succsessivement chez plusieurs chefs militaires ; mais, en dépit de toute l'insistance que j'y pus mettre, mes démarches demeurèrent sans résultat. Je revins alors à l'ambulance, et j'étais, on ne peut plus décidé à réitérer ces tentatives jusqu'à ce qu'on eût fait droit à notre légitime demande, lorsque, fort à propos, nous vîmes apparaître un chirurgien divisionnaire prussien, qui venait nous prier de lui donner des objets de pansement dont il avait, disait-il, le plus pressant besoin pour ses blessés. Nous lui répondîmes que nous mettrions à sa disposition une certaine quantité de pièces de linge et de charpie, mais que, ne fût-ce qu'afin de parvenir à le mieux satisfaire, nous lui demandions de nous aider dans la recherche de nos voitures. Grâce à son intervention, en effet, j'obtins facilement le laisser-passer que je réclamais. Aussi, dès le lendemain, retrouvions-nous sur la lisière de la forêt d'Orléans nos deux fourgons parfaitement intacts, sauf quelques kilos de viande, qui avaient disparu ; mais sans qu'on eût touché aux autres objets, et notamment à une pièce de vin.

Une fois en possession de nos fourgons et des permis de circulation nécessaires à nos projets ultérieurs, il fut résolu que nous parcourrions le champ de bataille d'Orléans, pour y recueillir et soigner les blessés qui devaient se trouver dans les villages où avaient eu lieu les divers engagements ayant précédé la prise d'Orléans. Aussi, dès le 6 décembre, pendant que M. Gayet partait avec une fraction de l'ambulance pour Termigniers, je me dirigeai sur un autre point avec une seconde section composée de :

MM. Morat, *aide chirurgien.*
Bieth, Prudon, *sous-aides chirurgiens.*

L'abbé Faivre, aumônier, de la 1re ambulance lyonnaise, qui, se trouvait accidentellement à Orléans, et pris comme nous par les Prussiens, se joignit spontanément à nous.

Nous partîmes donc tous les cinq avec l'intention de visiter la ligne entière de bataille, en commençant par l'aile droite. Nous nous dirigeâmes en conséquence sur Chilleurs, où s'était livrée une terrible lutte d'artillerie, à laquelle nous avions assisté et où, comme toujours, durant cette malheureuse campagne, la supériorité numérique des canons prussiens avait décidé notre mouvement de retraite. En arrivant à Chilleurs, nous trouvâmes, en effet, installés dans l'infirmerie des sœurs, 60 à 70 blessés qui étaient soignés par des membres de l'ambulance Trélat, arrivés quelques instants auparavant de Loury, où était le siége principal de cette ambulance. Nos services devenant inutiles sur ce point, nous nous remîmes immédiatement en route pour Neuville. Là, se trouvaient environ 150 blessés, dont une dizaine de soldats prus-siens ; mais la présence de deux médecins du pays et de deux membres de l'ambulance du Puy-de-Dôme, qui s'étaient joints à eux, rendant notre assistance parfaitement superflue, nous con-tinuâmes notre chemin, et à 10 heures du soir, par un froid des plus vifs, nous arrivâmes à Artenay, point central de la bataille. La ville, occupée militairement par les Prussiens, présentait à cette heure de la nuit, un aspect vraiment désolé. Pas une lu-mière, pas le moindre bruit, si ce n'est le pas monotone et lourd des sentinelles ennemies. Après bien des recherches, nous finîmes par découvrir une maison dont les habitants consentirent à nous céder une pièce du rez-de-chaussée. Le premier étage était oc-cupé par des sous-officiers de cavalerie dont les chants retentirent bien douloureusement dans nos cœurs. Nous passâmes la nuit étendu sur des paillasses, dans une situation d'esprit que tout le monde peut comprendre. Le lendemain, bien avant le jour, nous étions sur pied. Sachant que l'ambulance Pamard se trouvait à Artenay, j'allai m'informer là de ce qu'il y avait à faire. J'appris que le nombre des blessés était considérable, mais que le service se trouvait largement assuré par l'ambulance française et par une ambulance prussienne des chevaliers de Saint-Jean. Mais je sus en même temps que, en continuant à parcourir le front de bataille, nous rencontrerions des villages (l'on s'était battu dans tous ceux compris entre Chilleurs et Neuvilliers), où devaient se trouver de nombreux blessés, abandonnés probablement sans secours.

Nous partimes donc aussitôt ; et effectivement à trois kilomètres d'Artenay, nous arrivâmes au petit village de Poupry (250 hab.) où nous fûmes acceuillis avec le plus vif empressement. Nous étions au matin du 7 décembre, c'est-à-dire le troisième jour après le combat, et nous trouvâmes là 157 soldats Français, dont 5 officiers, presque tous blessés très-grièvement et n'ayant à leur disposition aucun moyen de pansement. Les pauvres habitants les avaient recueillis de leur mieux ; mais comme les Prussiens dans leur marche victorieuse avaient réquisitionné et consumé toutes les ressources locales, malgré la meilleure volonté, c'est à peine si nos malheureux blessés avaient un peu de bouillon maigre et de pain. Quant aux soins, ils étaient dirigés par quatre infirmiers militaires français qui se trouvaient là je ne sais comment et qui allaient des uns aux autres, se contentant de laver les plaies avec un peu d'eau. La plupart des blessés gisaient étendus pêle-mêle sur de la paille ; bon nombre dans les étables et tous plongés dans une atmosphère de nature à faire reculer les plus intrépides.

Inutile de dire comment nous fûmes accueillis par nos infortunés compatriotes. Mais quant à nous, nous ne saurions l'oublier ; et ce jour là nous comprîmes que la plus profonde satisfaction qui ait été départie à l'homme en ce monde, c'est de pouvoir à un moment donné, être réellement utile à ses semblables, et plus encore quand c'est envers des compatriotes que s'exerce son dévoûement.

Pendant que M. l'abbé Faivre ceignait le tablier de cuisine et, aidé de quelques braves gens, s'occupait de vider les sacs de provisions apportées avec nous et de préparer un gigantesque pot-au-feu, nous nous mîmes résolûment à la besogne pour les pansements les plus urgents. Les Prussiens, embusqués et bien à l'abri dans les greniers des maisons de Poupry, avaient laissé nos soldats s'approcher pleins de confiance jusqu'à 25 à 30 mètres du village, et avaient alors dirigés contre eux une fusillade des mieux nourries. Aussi les blessures que nous avions à soigner présentaient-elles presque toutes un haut caractère de gravité. M. Gayet, que je priai de venir nous rejoindre quelques jours après notre installation à Poupry, a parlé de ces blessés ; je n'y reviendrai donc pas. Je me bornerai à rappeler que nous fimes là :

8 amputations de cuisse.

2 amputations de jambe.

2 résections de la partie supérieure de l'humérus, plus de nombreuses extractions de projectiles, etc.

Au bout de dix jours, comme le village de Poupry n'offrait aucune espèce de ressources, que nous avions été obligés de faire venir d'Orléans toutes les provisions, — et même du pain — qu'il était impossible de se procurer tant à Pourpry qu'à Artenay ; — nous résolûmes d'évacuer tous nos blessés sur Orléans, où notre présence était d'ailleurs indispensable, par suite du nombre considérable de malades qu'y comptaient nos trois ambulances établies : *rue Bannier*, 47 ; *Gendarmerie* et *Pomme-de-Pin*.

L'ambulance Pamard voulut bien se charger de continuer les pansements de nos douze opérés de Poupry, et quant aux 146 autres, nous les évacuâmes en deux fois sur des charrettes que nous avions pu obtenir des paysans, soit de Poupry, soit des communes avoisinantes. C'est à la tête de notre dernier convoi que nous rentrâmes, au milieu de la nuit, à Orléans.

Dès le lendemain de notre arrivée à Poupry, nous avions déjà épuisé toutes nos ressources en pansements, tant la nécessité était pressante. Aussi eûmes-nous la pensée de nous ravitailler à Artenay. Je m'y rendis en conséquence avec l'un d'entre nous. L'ambulance Pamard nous reçut avec la plus vive sympathie ; mais ayant, comme nous, un nombre considérable de blessés à panser, il lui restait à peine de quoi suffire à ses propres besoins. Dans ces conjonctures, ne pouvant laisser nos malades sans secours, je m'adressai à l'ambulance prussienne des chevaliers de Saint-Jean, qui, je dois le reconnaître, étant abondamment pourvue de toutes choses, s'empressa de mettre à ma disposition un matériel important d'objets de pansements de tout genre. Qu'elle reçoive ici nos meilleurs remercîments.

Pendant la semaine que nous passâmes à Pourpry, nous eûmes la douleur de perdre un lieutenant auquel un éclat d'obus avait enlevé une portion notable de la partie supérieure du crâne, en intéressant aussi le cerveau. Malgré tous nos efforts, il succomba sans avoir repris connaissance. Mais quel tableau saisissant que l'enterrement de ce malheureux officier! Sous un ciel nébuleux, par un de ces jours crépusculaires de décembre, la terre recouverte d'une épaisse couche de neige, dans la campagne dont le silence n'était troublé que par les croassements des corbeaux déchiquetant les nombreux cadavres de chevaux disséminés encore tout autour du village, on voyait, sortant d'une pauvre chaumière, un convoi composé d'un soldat portant une croix, derrière laquelle marchait un prêtre. Venaient ensuite nos quatre infirmiers chargés d'une bière que, seuls tous les cinq, nous suivions silencieusement, accompagnant une des innombrables victimes de cette guerre néfaste. Non ! ce spectacle ne s'effacera jamais de notre mémoire, pas plus que le tableau des affreuses misères que la guerre entraîne après elle, et dout nous avons été si souvent les témoins pendant cette lutte héroïque que la France soutenait contre les envahisseurs de son sol. Bien d'autres souvenirs non moins tristes resteront à jamais gravés au fond de notre cœur ; mais ce n'est pas sans une douloureuse émotion que nous rappelons cette cérémonie funèbre, accomplie dans la plus triste église du plus pauvre village que nous ayons jamais rencontré pendant le cours de notre longue campagne.

Ce n'est pas le seul souvenir, du reste, que nous ayons rapporté de Poupry; à plusieurs reprises nous avons parcouru le champ de bataille où nos soldats, sans défiance, étaient fusillés presque à bout portant par des ennemis soigneusement et inexpugnablement retranchés dans chaque maison du village. Que de douloureuses pensées surgissaient à la vue des tristes débris où le pied se heurtait à chaque pas ; là, c'était des képis tachés de sang et dont le trou qui avait donné passage à la balle était encore maculé de détritus de cervelle ; ici, des lambeaux de vêtements, des fragments d'armes de toute nature couverts de sang, un éclat d'obus qui avait dû traverser de part en part un soldat avant de s'enfouir tout sanglant dans la terre, où nous le retrouvâmes.

Partout le sol était jonché de lettres, disant toutes que famille et amis comptaient sur la victoire, que les pauvres absents étaient attendus, prochainement, au foyer domestique. Une chose nous a frapppé ; bien des sacs étaient là, pas un qui n'eût été complètement pillé.

En rentrant, comme nous l'avons dit, à Orléans, nous déposâmes une partie de nos blessés à l'officialité de l'évêché, où, de concert avec les sœurs, nous avions fait étendre de la paille. Quant aux matelas, il y avait longtemps qu'il était devenu impossible de s'en procurer. Nous avions réparti nos blessés de Poupry et ceux que nos collègues avaient évacué de Neuvilliers, soit dans les divers locaux de nos ambulances, soit dans des maisons particulières. Mais dès lendemain de notre retour à Orléans nous dûmes chercher un autre asile pour les 40 blessés que nous avions amenés à l'officialité ; car nous avions compté sans les Prussiens qui ayant, parait-il, déjà jeté les yeux sur ce local, nous firent dire de déloger au plus vite. Enfin après bien des efforts, nous parvînmes à les installer tous dans de bonnes conditions.

Le 16 décembre, le bruit ayant couru dans Orléans que les Prussiens, après avoir de nouveau refoulé notre armée, menaçaient Lyon, M. le docteur Gayet, qui avait formellement donné à l'administration des hospices sa parole de rentrer dans le cas où la ville serait assiégée, crut de son devoir, bien qu'il lui fut très-pénible de se séparer de l'ambulance, de retourner à son poste de chirurgien en chef de l'Hôtel-Dieu, où, en face des événements qui se précipitaient, sa présence, d'ailleurs exigible au nom du règlement, devenait indispensable. Notre chef partit donc le lendemain, accompagné de MM. Rey, aide-chirurgien, et de M. l'abbé Faivre.

Avant son départ, M. le docteur Gayet me remit la direction de l'ambulance et tous les pouvoirs qu'il tenait du comité de Lyon. A ce moment, l'ambulance était chargée des trois hôpitaux dont j'ai déjà parlé, plus d'une grande quantité de blessés placés dans diverses maisons particulières où nous allions chaque jour les visiter et les panser. Mais bon nombre de blessures légères rapidement guéries, et la mortalité très-grande qui sévisssait sur ceux des blessés gravement atteints ayant amené au bout de quelques jours, une diminution notable dans le chiffre de nos malades ; et d'autre part le local que la mairie nous avait attribué rue Bannier ne se trouvant pas dans de très-bonnes conditions hygiéniques, nous jugeâmes à propos d'évacuer de ce dernier endroit tous les malades qui y restaient ; la plupart furent donc transportés à la gendarmerie, et les autres chez les habitants qui voulurent encore s'en charger.

Cette évacuation faite, nos blessés bien installés à la *Gendarmerie* et à la *Pomme-de-Pin*, toutes les opérations pratiquées et le plus grand nombre des sujets étant d'ailleurs en voie rapide d'amélioration, il devint évident que le service pouvait facilement être assuré par quelques-uns d'entre nous. L'ambulance dut donc songer à rejoindre nos armées, qui, d'après les bruits parvenus à Orléans, livraient fréquemment des combats meurtriers, à la suite desquels notre présence pouvait devenir utile.

J'avais rencontré à Orléans M. le professeur von Langenbeck, *général docteur consultant* de l'armée prussienne, éminent confrère dont la haute position scientifique appréciée dans toute l'Europe devait peser, du moins le pensais-je alors, d'un certain poids dans les résolutions qui pouvaient être prises à l'égard des ambulances. Je fus parfaitement accueilli par le célèbre chirurgien, que j'avais eu l'honneur de voir autrefois à Berlin. J'assistai à de nombreuses résections qu'il pratiqua dans les diverses ambulances de la ville : ambulance anglo-américaine, dirigée par le docteur Pratt (le gendre de Marion Sims', établie à l'église Sainte-

Euverte ; ambulances prussiennes de l'évêché et du lycée, et enfin dans la nôtre, où je le priai d'opérer une résection des deux tiers de l'omoplate et une du tiers supérieur de l'humérus. Outre les avantages que créaient à notre profit et à celui de nos blessés des relations établies ainsi sous le couvert de rapports également honorables des deux parts, ces études comparatives des procédés chirurgicaux des diverses nations sont, en effet, du plus grand intérêt, et la science et le salut des malades ne peuvent avoir qu'à gagner dans l'examen des méthodes employées par les chirurgiens de tous les pays. Pour nous personnellement, elles n'auront pas été sans utilité.

J'avais lieu d'espérer que si M. le professeur von Langenbeck, comprenant mieux que personne l'utilité des ambulances au milieu des armées, auxquelles elles donnent impartialement leurs soins, avait l'obligeance de s'entremettre pour faire passer cette conviction dans l'esprit de l'état-major prussien, nous obtiendrions facilement d'être dispensés de parcourir la moitié de la France, une partie de l'Allemagne et toute la Suisse avant d'arriver à notre destination ; obstacles que la tactique prussienne multiplie sous le prétexte d'empêcher les ambulances de dévoiler les secrets des armées ennemies. Nous reviendrons plus tard sur cette question, qui ne saurait, croyons-nous, continuer désormais à être résolue dans le sens où elle l'a été pendant cette dernière guerre.

M. le docteur von Langenbeck accueillit ma demande avec beaucoup de sympathie, et me promit d'employer tous ses efforts pour la faire aboutir. Mais nous avons appris à nos dépens que l'état-major prussien est inflexible dans la ligne qu'il s'est tracée. Aussi toutes les démarches de notre savant confrère restèrent-elles sans résultat, et dûmes-nous nous résigner à prendre, quand le jour du départ serait arrivé, la route la plus longue pour regagner les lignes françaises. Malgré son insuccès, que M. le professeur von Langenbeck veuille bien recevoir nos sincères remerciments pour l'accueil qu'il nous a fait pendant notre séjour à Orléans et les efforts qu'il a tentés en faveur de notre ambulance.

Avant de quitter Orléans, nous prîmes sur l'opportunité de

notre départ conseil de l'intendant militaire français, **M**. de Cappe, qui était resté à Orléans et qui pendant tout notre séjour dans cette ville, soit avant, soit après l'entrée des Prussiens, n'avait cessé de nous témoigner la plus vive sympathie et de nous donner le concours le plus actif et le plus empressé, dont nous lui exprimons ici toute notre reconnaissance. J'exposai à **M**. de Cappe quelles raisons nous engageaient à partir ; je lui dis de plus que nous laissions une fraction du personnel de l'ambulance pour continuer à soigner nos blessés et malades autant de temps que cela serait nécessaire. **M**. l'intendant nous fit en conséquence remettre le laisser-passer que je transcris ici textuellement :

« L'intendant militaire chargé du service des hôpitaux et am-
« bulances constate que l'ambulance lyonnaise a résidé dans la
« place d'Orléans du 11 novembre au 22 décembre 1870.

« Il croit de son devoir de donner au moment du départ, au
« personnel composant cette ambulance, un témoignage de son
« estime pour les services rendus, soit sur les champs de bataille
« autour d'Orléans, soit dans l'intérieur de la ville, à nos malades
« et à nos blessés.

« Il prie l'autorité française de faciliter à ces messieurs, les
« moyens de transport auxquels ils ont droit sur les lignes de
« chemin de fer. »

« Orléans, 22 décembre 1870.

« Signé : DE CAPPE.

Tous nos services organisés, ainsi que nous l'avons dit, nous demandâmes notre feuille de route, qui nous fut remise le 22 décembre par le général des étapes ; nous la traduisons ici textuellement :

« Les personnes connues et désignées ci-dessous, membres
« du comité central de secours aux blessés, ont l'autorisation de
« se rendre librement d'Orléans en Suisse, en passant par Troyes,
« Vitry, Nancy, Strasbourg. »

« Tous les commandants et chefs de corps sont requis de leur
« donner assistance pour assurer leur voyage.

« Orléans, 22 décembre 1870.

« Signé : le général des étapes de la 11e armée,

Tiedmann, général-lieutenant.

Le personnel de l'ambulance qui figurait ainsi sur cette feuille
de route était :

Chirurgien en chef :   MM. Doyon.
Chirurgiens :   Chadebec, Gautier, Noack.
Aides-chirurgiens :   De Finance, Morat.
Sous-aides-chirurgiens :   Cellard (H.), Guillaume, Reech, Selleret
  (de la 2e section).
Pharmacien :   Coulomb.
Aide-pharmacien :   Prudon.
Comptable :   Bolomier.
Aumônier catholique :   Ogeret.
Pasteur protestant :   Picard.
Infirmier major :   Binet.
Infirmiers :   Bieth, Chaland, Faure, Fitler, Fleury,
  Guedeney, Libercier (de la 2e section),
  Marmy, Protière, Schlumberger (de
  la 1re ambulance).
Cochers :   Delausorme et Haucourt (9 chevaux,
  5 voitures).

En tout 28 personnes.

La section qui restait à Orléans fut placée sous la direction de
M. le docteur Français ; elle comprenait :

Chirurgiens :   MM. Français, Pinet.
Aide-chirurgien :   Morice.
Sous-aide-chirurgien :   Cellard (A.)
Aumônier catholique :   Laboré.
Infirmier :   Brachman.

Plus 10 infirmiers militaires que nous avait envoyés l'intendance française.

Au 21 décembre, voici quelle était la situation de nos services d'ambulance :

Gendarmerie (rue de la Bretonnerie) :

Nombre de lits : 103

Nombre de blessés	70
— de malades........	26
— d'évacuables	25
Lits vacants	7
Total :	103

Pomme-de Pin :

Nombre de lits : 77.

Nombre de blessés	35
— de malades	22
— d'évacuables	20
Total :	77

Ces chiffres de blessés et de malades peuvent, au premier abord, paraître considérables et donner à penser qu'un plus grand nombre de chirurgiens ou de médecins était nécessaire pour répondre à toutes les exigences du service. Il n'en était rien cependant, vu, d'une part, l'amélioration notable réalisée chez la plupart des soldats qui n'avaient reçu que des blessures légères et, de l'autre, la mortalité survenue chez ceux sérieusement atteints et chez les individus blessés assez grièvement pour avoir dû subir des opérations importantes.

Ces conditions diverses ne firent, du reste, que s'accentuer de plus en plus dans l'un et l'autre sens. Aussi, au bout de 15 jours ou trois semaines, devenait-il possible d'entrevoir également, à un terme prochain, le rapatriement de nos chers camarades, que nous laissions alors avec tant de regrets derrière nous. Il en fut ainsi que nous l'avions prévu.

Avant de quitter ce sujet, avant de m'éloigner d'Orléans et de ses environs, où nous avions assisté pour la première fois aux émouvantes péripéties des batailles et aux scènes si tristes et si douloureuses qui les terminent, je crois devoir résumer, en quelques mots, les observations de détail que j'ai pu faire à diverses reprises sur les blessés, laissant à M. le docteur Gayet le soin d'exposer d'une voix plus autorisée les enseignements pratiques qui découlent de l'ensemble des faits chirurgicaux recueillis durant notre campagne.

Et, d'abord, je n'ai presque jamais observé que des plaies par armes à feu. Nous n'avons eu à soigner qu'un nombre très-restreint de plaies par instrument tranchant, et pas une seule blessure par baïonnette.

La plupart des projectiles extraits étaient plus ou moins déformés. Quant aux balles qui restent dans les plaies, elles deviennent le point de départ de phlegmasies parfois considérables qui envahissent même toute l'étendue du membre, mais qui, cependant, malgré leur gravité apparente, guérissent rapidement après l'extraction du corps étranger. J'en ai vu plusieurs exemples très-remarquables, notamment à Poupry. Le plus souvent les balles sont aplaties, déchiquetées, etc. Ces déformations paraissent dues à la rencontre des parties osseuses. Les altérations que subissent alors les os se traduisent ultérieurement par des périostites aiguës, des ostéomyélites, des suppurations abondantes, etc... Les lésions des os par coups de feu varient à l'infini; ainsi, une balle peut traverser la tête de l'humérus ou les extrémités du fémur et du tibia sans engendrer de fragments notables; il n'est pas très-rare non plus de trouver des balles non déformées dans ce même tissu épiphysaire. Il n'en est pas de même lorsque la balle atteint la diaphyse des os longs; les esquilles alors sont nombreuses et quelquefois très-étendues. Chez deux sergents atteints d'une balle qui avait fracturé la partie supérieure de l'hu-

2

mérus droit, nous trouvâmes, avec M. Gayet, en pratiquant la résection de l'os, de très-nombreuses esquilles, dont quelques-unes avaient près de dix centimètres de longueur.

La fragmentation des balles s'observe souvent aussi. J'en ai constaté plusieurs cas ; un, entre autres, au combat de Chambon, chez un franc-tireur que M. le docteur Gayet avait trépané pour relever un fragment du pariétal droit. Une portion de balle, ayant l'épaisseur et l'étendue d'une pièce de un franc, s'était ainsi aplatie en passant à travers les lèvres de la fracture et était venue se loger entre l'os et la dure-mère, où elle fut retrouvée.

Les fragments d'obus peuvent quelquefois être pris pour des portions de balle, car ceux des Prussiens, du moins, sont recouverts d'une enveloppe de plomb. Mais les plaies occasionnées par ces fragments déterminent toujours des blessures contuses, irrégulières, anfractueuses, parfois assez superficielles. Elles déchirent, labourent en quelque sorte les tissus sans déterminer des lésions profondes. D'autres fois, ces éclats d'obus produisent d'horribles blessures. J'ai vu, dans l'ambulance anglo-américaine, un malheureux lieutenant d'artillerie qui, au combat de Beaugency, avait eu la moitié de la face emportée et qui avait résisté à cet épouvantable délabrement ; il succomba plus tard à une hémorrhagie foudroyante. Chez un sous-lieutenant, qui mourut peu de jours après notre arrivée à Poupry, l'éclat d'obus avait enlevé une partie notable de l'os pariétal avec issue de la substance cérébrale. J'ai, dans ce même village, extrait de la cuisse d'un soldat un bouchon d'obus qui avait complétement pénétré, s'était, pour ainsi dire, perdu dans les chairs.

J'ai été frappé, et je crois que la même remarque a été faite par d'autres observateurs, de la bénignité relative que présentent les blessures par armes à feu des articulations du pied ; la plupart des opérés étaient en bonne voie de guérison ; je dis en bonne voie, car notre départ d'Orléans ne nous a pas permis de constater les résultats définitifs réalisés chez les divers blessés que nous avions vus dans les différentes ambulances de la ville et dans la nôtre.

Est-il possible de découvrir, entre l'ouverture d'entrée et celle de sortie des nouveaux projectiles, une différence aussi marquée qu'on serait tenté de l'admettre, si l'on se reporte à certaines expériences faites sur le cadavre. Je ne l'ai pas constaté, du moins à un degré prononcé. L'orifice d'entrée paraît bien, en général, plus étroit ; mais, dans la plupart des cas, il est, je crois, impossible de reconnaître, à l'inspection de la plaie, dans quel sens le blessé a été frappé. Nous l'avons maintes fois vérifié dans les nombreux faits qui se sont présentés à notre observation.

Il importe toujours de poursuivre l'extraction des projectiles, quand, toutefois, cette opération peut se faire sans trop de difficultés ; leur recherche dans les plaies de poitrine, d'abdomen doit être proscrite. Chez un blessé de Poupry, une balle qui avait pénétré dans l'abdomen, au niveau de l'épine iliaque antérieure, dut être abandonnée sans aucune tentative, dans la crainte de provoquer des lésions graves. Une suppuration abondante s'établit, ayant tous les caractères de putridité qui auraient pu faire croire à la perforation des intestins, si l'absence d'autres phénomènes propres ne nous avait manifestement démontré qu'il n'y avait là, sur le pus, qu'une influence de voisinage. Eh bien ! la balle s'était-elle enkystée en un point quelconque de l'os des îles ? Je l'ignore et n'eus nullement l'intention de chercher à le vérifier ; mais, au bout de peu de jours, l'état de notre blessé s'améliora notablement et, depuis, m'a-t-on dit, il a complètement guéri.

Cette innocuité de certaines blessures que l'on serait disposé à considérer, au premier abord, comme devant être suivies des plus graves conséquences, s'observe fréquemment dans les plaies par armes à feu. Dans plusieurs circonstances, j'ai vu des balles qui avaient traversé la poitrine de part en part ne donner lieu à aucune complication et guérir même rapidement. D'un autre côté, je me souviens d'un malheureux jeune homme de 19 ans, breton, aussi courageux que résigné, qui avait eu les deux yeux traversés par une balle, laquelle, entrée à l'angle externe de l'arcade sourcilière d'un côté, sortit au point correspondant du côté opposé après avoir vidé les deux globes oculaires, dont les membranes sanglantes et déchiquetées pendaient entre les paupières. En douze ou quatorze jours, la guérison des plaies fut complète, et elle eut lieu sans la moindre réaction inflammatoire. Des compresses imbibées d'eau fraîche eurent tout l'honneur de la cure.

Je ne dirai que peu de mots des hémorrhagies secondaires, ce sont les seules que j'ai eu l'occasion d'observer ; les hémorrhagies primitives ne se présentant du reste que rarement à l'examen du médecin. Chez un soldat, dont une balle avait brisé le fémur, il survint, vers le douzième jour, une hémorrhagie grave dont le point de départ paraissait être une des branches de la fémorale profonde. La compression du pli de l'aine, des bandages contentifs avec tamponnement au perchlorure de fer, suspendaient momentanément l'hémorrhagie ; mais la perte de sang s'étant reproduite à plusieurs reprises, on fit la ligature de la fémorale au-dessous du ligament de Falloppe. L'opération réussit, et le malade était en voie de guérison au moment de notre départ.

Dans ces cas, il arrive souvent que le projectile, en contusionnant l'artère, provoque la mortification d'une portion de sa paroi. A la chute de l'eschare, on est en présence d'une plaie artérielle plus ou moins étendue dont les conséquences sont en rapport avec le calibre du vaisseau et peuvent devenir immédiatement funestes. C'est ce qui arriva pour le lieutenant d'artillerie, dont nous avons rapporté la mort foudroyante, laquelle fut le résultat de la chute d'une eschare d'un vaisseau artériel, probablement de la carotide interne, car la mort arriva en quelques secondes.

J'ai observé, dans le cours de cette guerre, un certain nombre de cas de fractures intra-articulaires par suite de blessures par armes à feu. L'intervention chirurgicale présente ici des indications générales différentes suivant les articulations. Pour les articulations iléo-fémorale, scapulo-humérale, fémoro-tibiale, il m'a paru nécessaire de recourir à la résection aussi vite que les circonstances le permettaient, dans les 24 heures en moyenne. Les résections secondaires peuvent être plus facilement pratiquées quand il s'agit des articulations du coude, du pied, etc. Mais conservation, résection ou amputation doivent se faire le plus rapidement possible ; il faut commencer sur le champ de bataille même.

Nous terminerons cette revue sommaire en disant quelques mots des divers moyens que nous avons vu employer dans l'ambulance anglo-américaine installée à Orléans : appareils à suspension pour les fractures, notamment celles des membres inférieurs, dont l'emploi peut être très-avantageux dans certains cas ; l'étoupe goudronnée ou charpie brune, bonne matière dont les propriétés absorbantes et anti-putrides m'ont semblé très-réelles ; les pansements à l'eau, recouverts de toile cirée, etc... Il sera plus tard intéressant de comparer les résultats obtenus dans les différentes ambulances, comparaison d'autant plus probante que les diverses méthodes étaient appliquées, dans le même milieu, à des malades aussi semblables que possible. Le concours des étrangers aura été très-utile pour permettre d'étudier les moyens qui doivent être préférés et les circonstances dans lesquelles il faut y avoir recours ; c'est par là surtout que la science peut retirer quelque profit de ces effroyables hécatombes qui accompagnent le fléau de la guerre. Car, ainsi que l'a dit un des plus hardis explorateurs du continent africain : *Le fer aiguise le fer ; l'esprit de l'homme aiguise l'esprit de l'homme, et les relations avec d'autres peuples sont la condition première du progrès des Etats.*

Le 23 octobre, à sept heures du matin, nous nous réunîmes tous à la porte nord d'Orléans. Nous dîmes adieu à nos collègues le cœur serré, ignorant, les uns et les autres, quand et où nous nous reverrions ; car dans cette funeste campagne, où nous fûmes témoins de tant de désastres et victimes de si cruelles déceptions, une chose surtout nous avait frappés ou, si l'on aime mieux, poursuivis : c'est l'inanité de nos projets même les plus simples et, en apparence, les plus facilement réalisables. Tous nous en étions venus presque à formuler dans nos vœux le contraire de ce que nous pouvions désirer, pensant que c'était la seule manière de nous rendre la fortune propice.

Nous partions donc le cœur attristé de nous séparer de camarades aimés, et nous laissions avec regret derrière nous, dans cette hospitalière, mais alors désolée ville d'Orléans, si éprouvée par de longs mois d'occupation ennemie, de bons amis dont nous n'oublierons jamais le cordial et sympathique accueil. Durant un séjour de près de deux mois dans cette ville ou dans ses environs, les habitants avec lesque's nous nous sommes trouvés en rapport nous ont donné des témoignages qui ne se démentirent pas une seule fois, de leur patriotisme et de leur dévoûment. Jamais nos appels, — et Dieu sait s'ils étaient fréquents ! — en faveur de nos pauvres clients, ne restèrent infructueux. Et malgré les dures et impitoyables exigences des vainqueurs, les Orléanais surent s'imposer les plus grands sacrifices pour venir en aide aux soldats blessés ou malades. Non-seulement on nous envoyait tous les objets dont nous pouvions avoir besoin, mais que de fois, dans l'un de ces cas qui exigent, outre les soins qu'on peut trouver dans l'intérieur de la famille, l'isolement complet, combien de fois, dis-je, n'avons-nous pas vu les portes s'ouvrir devant nous et chacun s'offrir à l'envi pour recueillir nos malheureux compatriotes ! Si, dans le cours de cette guerre, bien des défaillances se sont produites, et si, dans ces heures de crise suprême, on a pu quelquefois douter du génie glorieux de la France, plus d'un acte de généreux patriotisme, de dévoûment obscur s'est produit, — il faut le dire bien haut, et c'est à leurs témoins, c'est à nous qu'il appartient de le faire entendre , — d'autant plus méritoires qu'ils sont plus ignorés. Aussi, en présence de ces faits auxquels il nous a été si souvent donné d'assister, nous était-il pénible, on le comprend, d'abandonner cette malheureuse cité où nous avions vu tant d'abnégation, de sacrifices et de souffrances. Ce ne fut donc pas sans retourner bien des fois la tête que nous prîmes la route de Strasbourg. Pauvre ville d'Orléans ! il nous souviendra toujours de l'avoir vue au lendemain de la bataille de Coulmiers, lorsque, semblable à un homme délivré tout à coup d'un poids énorme qui l'oppresse, elle renaissait à la vie que deux mois d'occupation avait tuée en elle. Les boutiques ne s'ouvraient pas encore ; c'est à peine si de rares passants se montraient dans les rues ; partout un morne silence, quoiqu'on sentît cependant que si la vie était momentanément suspendue ou, pour mieux dire latente, elle n'attendait que le départ des ennemis pour se réveiller d'autant plus active et féconde que les entraves avaient été plus fortes et plus despotiques. Une visite dans les cités éteintes de l'ancienne Italie ne doit pas susciter d'autres impressions que celles qui naquirent ce jour-là dans notre esprit. Mais le surlendemain nous vîmes la statue de Jeanne-d'Arc se couvrir de couronnes, de guirlandes et de fleurs, témoignage touchant de la confiance que la populaire patronne inspirera toujours à un pays dont les légendes, si elles ne constituent plus, hélas ! un palladium suffisant, resteront encore le symbole de ses gloires passées et surtout de ses aspirations vers un avenir réparateur. Ces souvenirs, en effet, sont souvent les sources fécondes auxquelles le patriotisme vient puiser ses élans soudains et décisifs. Les peuples ne sont pas sortis tout formés de leur berceau comme certaine déesse de l'antiquité ; leur marche vers la perfection est toujours marquée par des étapes où se personnifient la gloire de quelques hommes que les nations transforment en héros ; puis, aux heures grandes ou fatales, chacun, suivant ses convictions ou ses tendances, trouve, dans ces légendes, les inspirations, les mobiles des nobles entraînements, qui sont alors le meilleur sti mulant à la lutte contre les envahissements de l'étranger. Aussi n'avions-nous pu résister, et nous laissons-nous, aujourd'hui encore, volontiers aller aux pensées que de telles manifestations avaient fait naître dans notre esprit.

Cependant, au milieu de ces regrets et de ces souvenirs, nous ne pouvions nous défendre, faut-il l'avouer, d'une sensation tout opposée en nous éloignant d'une ville où nous avions été témoins de tant de douleurs et de tristesses. Notre première étape nous conduisit jusqu'à Pithiviers, en passant par la forêt d'Orléans et Chilleurs. Dans cette journée, nous rencontrâmes, à plusieurs reprises, des patrouilles prussiennes, qui nous démontrèrent une fois de plus avec quelle vigilance nos ennemis éclairaient leurs mouvements. Il en fut, du reste, ainsi pendant tout le cours de notre voyage. Notre petite caravane, composée de 28 personnes, 9 chevaux et 5 voitures, supporta vaillamment toutes les fatigues d'une course de près de 300 kilomètres (qui séparent Orléans de Vitry-le-Français). Je n'ai point à raconter ici les péripéties d'un semblable voyage, entrepris par la plus inclémente des températures, au milieu de notre pays envahi et dévasté par les hordes du Nord, entourés d'espions qui, dans plusieurs circonstances, feignant de nous prendre pour des francs-tireurs déguisés, nous poussaient à des actes qui, sans notre circonspection, auraient sans doute servi de prétexte aux Prussiens pour de cruels traitements envers nous ou pour la justification de mesures vexatoires contre les gens du pays. Dans plusieurs circonstances, entre autres à Nemours, à Estissac, etc..., les habitants, heureux de revoir des compatriotes, se pressaient autour de nous, nous demandaient des nouvelles, nouvelles comme on les espère après ces longues séries de défaites et comme, hélas! il ne fut jamais en notre pouvoir de les transmettre. Les malheureux qui nous entouraient furent immédiatement dispersés, les uns à coups de plat de sabre, d'autres furent emprisonnés, etc... A Estissac, l'autorité prussienne nous fit même enjoindre de ne pas sortir de l'auberge où nous nous étions arrêtés pour faire reposer nos chevaux et plaça deux sentinelles devant la porte, le fusil armé, avec ordre de ne laisser stationner personne devant la maison. Nous ne redirons pas les propos que nous entendîmes dans la bouche de quelques-uns de ces soldats. Quelque blessants qu'ils pussent alors nous paraître, nous étions malheureusement obligés de les subir.

Mais si nos fatigues, je pourrais dire nos souffrances, furent grandes, touchant et amical aussi fut l'accueil que nous reçûmes partout. Dans les villes et les villages, tout le monde s'inscrivait pour recevoir un membre de l'ambulance, et l'hospitalité se présentait à nous empressée et cordiale. Nul spectacle n'était, on en conviendra, mieux fait pour nous remettre des épreuves d'une aussi pénible route, ainsi que de toutes les préoccupations où nous jetaient l'incertitude du sort de nos armées, non moins que de tous ceux qui nous étaient chers et dont nous n'avions aucunes nouvelles depuis un long mois et plus.

Arrivés à Vitry-le-Français, le commandant d'étapes nous autorisa à prendre le chemin de fer jusqu'à Strasbourg, pour parcourir les 300 kilomètres qui nous séparaient encore de cette dernière ville. Mais le chemin de fer, que nous entrevoyions alors dans le cours de nos rudes et glaciales étapes (qui d'entre nous pourra jamais se rappeler sans frissonner la marche de Nemours à Cheroy le jour de la Noël ?) comme le terme de toutes nos misères, devait, au contraire, nous faire regretter amèrement nos courses pédestres. En effet, placés dans des wagons de troisième classe, dont les vasistas étaient pour la plupart privés de vitres, nous y séjournâmes 48 heures, par **15 à 18** degrés de froid. Souvent notre train,— qui, disait-on, était un convoi spécial mis à notre disposition, et ne comprenait, outre les wagons qui nous étaient destinés à nous et à notre matériel, que quelques voitures de marchandises, — s'arrêtait pendant des heures entières sur la voie, soit le jour, soit la nuit. N'étant pas prévenus de ces arrêts aussi improvisés qu'indéfinis, nous n'osions nous éloigner d'un pas, et nous en étions réduits, pour ne pas littéralement geler, à battre la semettre le long de nos wagons. Notre nourriture, essentiellement irrégulière et insuffisante, nous l'achetions aux gens du pays, qui venaient nous offrir de maigres saucisses, du pain et un éternel *schnaps* (cognac), stimulant convenable peut-être pour de lymphatiques Poméraniens, mais qui nous brûlait horriblement l'estomac. Et, par un mélancolique retour, malgré nous, nos souvenirs se reportaient à l'époque où, après la bataille de Coulmiers, à Orléans, nous avions vu diriger sur la Suisse, en passant par le midi de la France, en voitures de première classe, les membres des ambulances bavaroises qui, comme nous maintenant, étant restés prisonniers, allaient continuer leurs soins à leurs blessés.

Est-ce donc se montrer trop exigeant que de demander que les médecins soient traités avec plus d'égards par les belligérants ?

Ils se consacrent aux soins de tous. Pour eux, il n'est pas d'ennemis : malades et blessés ont droit à une égale sollicitude, quelle que soit leur nationalité ; et nous sommes heureux de le répéter après tant d'autres : jamais ils n'ont failli à ce premier de leurs devoirs. Pourquoi donc les astreindre à des voyages aussi pénibles qu'inutiles, alors surtout que le but de ces voyages est une mission humanitaire et profitable à tous à remplir ? Est-ce la place d'une ambulance de cheminer ainsi pendant plus de vingt jours le long de routes interminables et par une température sibérienne, y glaçant, autant qu'il est possible, son zèle, y consumant gratuitement des forces et un temps qui pourraient être employés à l'avantage de tous ? Nous ne saurions l'admettre. Oh ! j'en ai la ferme conviction, ceux qui se sont inspirés des nobles et généreux sentiments auxquels est due la Convention de Genève, sauront trouver des moyens qui, tout en sauvegardant le secret des positions militaires, permettront désormais de supprimer ces courses stériles et de rendre immédiatement à tous ceux qui souffrent leurs consolateurs naturels.

Nous traversâmes Nancy et Strasbourg ou plutôt les gares de ces deux villes, car nous fûmes consignés sans pouvoir obtenir l'autorisation de les visiter. Après une journée entière passée dans la gare de Strasbourg, nous prîmes enfin un train qui, heureusement pour nous, *n'avait plus rien de spécial*, et ce fut, cette fois, comme des voyageurs ordinaires que nous traversâmes assez promptement le grand-duché de Bade, et que, le 9 janvier, nous arrivâmes enfin à Bâle, dans cette libre et hospitalière Suisse, que plus tard trois mois de séjour nous ont appris à mieux connaître et à chérir.

Nous n'oublierons point ces dix-huit jours de voyage et surtout le fraternel accueil que nous reçûmes des populations des pays occupés par l'ennemi. Avec quelle joie on revoyait l'uniforme français, avec quel patriotique empressement on le saluait ! Jamais nous ne comprimes mieux ce que renferme de sentiments élevés le mot de *patrie*, et tout ce que l'occupation étrangère

entraîne après elle de poignantes angoisses, de douleurs contenues et d'irritation légitme.

Je n'ajouterai plus qu'un mot, mais je tiens à le redire ici bien
haut ; je le dois à mes collègues, à mes camarades, aux
ambulances, que beaucoup ont si injustement attaquées. Pendant
cette marche fatigante, au milieu de réelles et si rudes privations,
entourés d'ennemis qui n'eussent peut-être pas été fâchés de
nous surprendre en défaut, l'union, l'accord le plus parfait n'a
cessé de régner entre tous les membres du corps que nous for-
mions. Je ne sais, pour ma part, s'il y avait des chefs ; mais, ce
que je ne saurais oublier, c'est que chacun, pénétré des devoirs
qui lui incombaient, a toujours eu à cœur d'éviter tout ce qui aurait
pu nuire à l'ambulance, et acceptait sans jamais murmurer les
fonctions les plus humbles et les plus dures privations.

De Bâle, nous vînmes à Genève, et de là à Ambérieu. Nous
étions alors bien près de Lyon, que nous avions quitté trois mois
auparavant. Que de choses depuis lors s'étaient déroulées sous
nos yeux ! que d'attaches nous appelaient, nous attiraient vers ces
foyers amis ! Cependant, de cette dernière gare, l'ambulance se
dirigea sur Besançon, où elle arriva enfin, le 13 janvier.

Nous retrouvâmes à la gare M. le docteur Gayet, le chef dis-
tingué de la deuxième ambulance lyonnaise, de laquelle je lui
remis immédiatement la direction. Il me l'avait confiée alors que,
rappelé à Lyon par d'impérieux devoirs, il avait été obligé de se
séparer de nous. Il m'avait jugé digne de continuer une œuvre à
laquelle il s'était consacré tout entier, à laquelle il avait su imprimer une féconde et généreuse activité ; qu'il reçoive ici mes
remercîments pour les quelques services qu'il m'a ainsi permis
de rendre.

Dès le jour même de mon arrivée à Besançon, M. l'intendant
en chef de l'armée de l'Est demanda qu'une section de la
deuxième ambulance lyonnaise se rendît à Gray, pour y installer,
de concert avec l'autorité militaire, une vaste ambulance sur
laquelle on dirigerait les blessés et les malades de l'armée de
l'Est. Il fut alors convenu que, tandis que M. le docteur Gayet

suivrait, avec la plus grande partie du personnel que j'avais ramené d'Orléans, les opérations militaires du côté d'Héricourt, Arcey et Montbéliard, j'irais, avec quelques autres membres de l'ambulance, à Gray, remplir les ordres qui nous étaient donnés.

Après un jour passé dans le chef-lieu du Doubs à recueillir toutes les indications qui pouvaient nous être utiles, nous nous mîmes en route, MM. Coulomb, pharmacien; de Finance, Selleret, aides-chirurgiens, et moi. On ne voyageait pas vite dans ce moment sur ces lignes de l'Est, où notre malheureux pays jetait alors avec la rage du désespoir ses dernières recrues et ses armements improvisés. Aussi, quoique partis dès le matin, n'arrivâmes-nous que dans la soirée à Auxonne, à une heure où le dernier train pour Gray était depuis longtemps parti.

Le lendemain, au moment où nous nous dirigions vers la gare, nous apprîmes, d'une manière officielle, que non-seulement les trains n'allaient plus à Gray, mais que tout le matériel en revenait à toute vapeur, les Prussiens venant subitement d'apparaitre à quelques kilomètres de cette ville. En présence de ces événements imprévus, il ne pouvait plus être question d'établir une ambulance à Gray; nous devions nous replier encore! Le même jour, nous vînmes à Dôle, où nous arrivâmes seulement dans la soirée. Le lendemain, M. l'intendant militaire, auquel je fis part et des ordres que nous avions reçus et de l'impossibilité où nous nous étions trouvés de les exécuter, nous engagea à nous rendre de nouveau à Besançon, où M. l'intendant en chef aurait sans doute pris de nouvelles dispositions en face des événements actuels. Revenus à Besançon, nous apprîmes, en effet, que l'ambulance qu'on avait dû fonder à Gray devait, ainsi qu'on nous l'avait fait pressentir à notre passage à Dôle, être installée à Arc-Senans.

Nous repartîmes pour cette nouvelle destination, et nous retrouvâmes là près de 800 malades, dont nous partageâmes immédiatement le traitement avec trois chirurgiens militaires qui avaient été primitivement désignés, comme nous, pour Gray. Les 800 malades étaient répartis dans les vastes bâtiments des salines, dans ceux des deux écoles et chez les habitants du pays. Mais notre organisation ne devait pas être de longue durée. En effet, le mouvement de flanc de l'armée du général de Manteuffel s'accentuait de plus en plus, et il nous était dès lors facile de juger du plan des Prussiens, qui chercheraient évidemment à couper la ligne de retraite de l'armée française et à l'enserrer, comme à Sedan, entre leurs troupes et une frontière neutre. Il était probable qu'ils s'efforceraient surtout de détruire, sur plusieurs points à la fois, la voie ferrée qui va de Lons-le-Saunier à Besançon, voie dont la conservation avait pour nous une importance majeure qui ne pouvait échapper aux yeux si clairvoyants de nos ennemis. Nous ne fûmes donc nullement surpris en apprenant leur irruption à Dôle, et nous nous attendions chaque jour à les voir se jeter sur le chemin de fer dont nous occupions une des stations les plus essentielles au point de vue stratégique.

Dans ces conjonctures, notre devoir était tout tracé, c'était de faire évacuer sur Lons-le-Saunier, Bourg et Lyon les malades qui occupaient les diverses ambulances d'Arc-Senans, et auxquels étaient encore venus se joindre tous ceux qui avaient pu abandonner Dôle au moment de l'entrée des Prussiens. Bon nombre de ces sujets étaient seulement indisposés, fatigués par suite des marches, des privations et de la température rigoureuse. La plupart étaient de jeunes recrues, des mobiles pour lesquels la vie des camps, dans les conditions climatériques où se mouvaient nos armées, déterminaient des modifications telles dans leur santé que, sans affections bien caractérisées, ils se trouvaient plus ou moins anémiés, débilités, déprimés et hors d'état de remplir un rôle actif dans les cadres de l'armée. Dans ces conditions générales, un refroidissement, une veille prolongée, une marche forcée, devenaient fréquemment le point de départ de maladies sérieuses. Il ne faut donc pas s'étonner si les ambulances se trouvaient alors remplies de soldats chez lesquels on ne constatait au premier abord que des indispositions légères, auxquelles succédaient souvent des lésions plus ou moins graves. Que de germes morbides, destinés à s'éteindre spontanément dans les conditions régulières de la vie de famille, se sont ainsi éveillés, parcourant ensuite leur période avec une activité fatale ! Indirectes, mais non moins déplorables victimes de cette guerre cruelle. Il s'agissait, avant tout, de ne pas laisser ces soldats aux mains des Prussiens, qui n'auraient pas hésité à les envoyer rejoindre, en Allemagne, tous ceux que leur avaient déjà livrés et la capitulation de Sedan et celle de Metz. Conserver à la France ces militaires était donc l'objet de nos constantes sollicitudes. Nous prévînmes l'intendance de ce qui se passait, de ce qu'il nous était si aisé de prévoir, tout en préparant, de concert avec nos collègues militaires, tous les moyens à l'aide desquels nous pouvions favoriser une évacuation aussi prompte que complète.

Dans la nuit du 24 janvier, nous reçumes l'ordre de faire partir tous les malades et de nous rendre ensuite à Bourg. Sans perdre une minute, nous dirigeâmes sur la gare tous les soldats susceptibles de supporter le transport, et nous les fîmes successivement monter dans les divers trains, soit ceux qui, amenant de Besançon des troupes le long de la voie ferrée, passaient ensuite à vide à Arc-Senans, soit dans les wagons de toute nature que la Compagnie renvoyait dès lors du côté de Lyon. Nous secondâmes de notre mieux, dans ces opérations, l'ambulance militaire avec qui nous avions partagé le service d'Arc-Senans. A midi, tous les malades étaient partis, à l'exception d'une vingtaine d'entre eux dont l'état de santé s'opposait absolument à toute espèce de transport. Il fut décidé que l'un des aides de l'ambulance militaire resterait pour leur continuer les soins qui étaient indispensables. En conformité des ordres que nous avions reçus, nous songeâmes alors à nous rendre à Bourg, qui paraissait, à ce moment, être appelé à devenir, si nous pouvons nous servir de cette expression, la première ligne d'ambulance.

Pendant les quelques jours que nous étions restés à Arc-Senans, le personnel de notre ambulance se compléta, soit par les membres qui, appelés à Lyon pour des affaires impérieuses, s'y étaient rendus d'Ambérieu, soit par ceux que nous avions laissés à Orléans, ainsi que nous l'avons déjà dit. Aussi, à ce moment, notre section se trouvait-elle composée de la manière suivante :

Chirurgiens :	MM. Doyon, Chadebec.
Pharmacien :	Coulomb.
Aides-chirurgiens :	de Finance, Selleret et Reech.
Aumônier :	l'abbé Laboré.
Infirmier :	Brachman.

Tous les malades étant partis, nous prîmes, dans l'après-midi, un convoi venant de Besançon, convoi qui devait être, pour bien longtemps , le dernier. Assis, sur un truc, nous pouvions apercevoir nos soldats gardant les ponts, plus spécialement exposés aux attaques des Prussiens. Peu d'instants après notre départ, un convoi de 1,200 blessés ou malades, que l'on expédiait encore de Besançon sur le midi de la France, fut mitraillé par nos impitoyables ennemis entre Byand et Arc-Senans, et bientôt après la gare et le village que nous venions de quitter étaient envahis et occupés militairement.

Arrivés à Lons-le-Saunier, nous trouvâmes à la gare plusieurs de nos collègues qui, eux aussi, s'empressaient de venir nous rejoindre :

Chirurgiens :	MM. Gautier, Pinet.
Aides-chirurgiens :	Morice, Cellard.

Après un coup d'œil jeté sur les ressources hospitalières que pourraient offrir, le cas échéant, cette ville, nous continuâmes notre route jusqu'à Bourg, où nous arrivâmes assez tard dans la soirée.

Dès le lendemain, je me présentais à M. le sous-intendant, qu nous offrit tout d'abord le service de l'ambulance établie dans la gare. Pendant ce temps, les événements se déroulaient rapides et funestes ; l'armistice incomplet, incomplètement connu , l'entrée de notre armée en Suisse, etc..., tout nous accablait à la fois. Mais il ne nous appartient pas de nous étendre ici sur des faits aussi douloureux et sur les conséquences qu'ils eurent à ce moment. Médecin d'ambulance, nous devons nous borner à les énoncer, ne les mentionnant qu'autant qu'ils sont nécessaires pour expliquer nos résolutions et nos mouvements. Au moment même où nos troupes franchissaient la frontière suisse, nous lûmes dans un journal que les Prussiens se plaignaient de ce que les Français eussent abandonné, dans les environs de Monbéliard, 2,000 blessés, qu'ils avaient été obligés de transporter à Mulhouse. Nous télégraphiâmes alors immédiatement à M. l'intendant en chef qui, nous dit-on, devait être en ce moment à Pontarlier, pour lui faire part de cette note et lui dire que l'ambulance demandait, s'il y jugeait notre présence utile, à se rendre soit à Montbéliard, soit à Mulhouse, soit sur tout autre point où nous pourrions rendre des services effectifs. Mais, par suite sans doute de l'interruption des communications télégraphiques et du désarroi général dans lequel se trouvaient alors toutes choses, notre dépêche ne parvint pas à destination.

Notre service consistait, tout en pansant chaque jour un certain nombre de blessés et d'éclopés échappés soit aux Prussiens, soit à l'entrée sur le territoire de la Confédération, à examiner, en outre, tous les malades qui affluaient à la gare, arrivant de tous les points occupés ou menacés par l'ennemi. Nous les dirigions ensuite sur les ambulances préparées en grand nombre dans l'intérieur de la ville par les soins de l'intendance militaire, ou, suivant les cas, sur Lyon ou le Midi.

Mais, prévoyant dès le début à quel nombre s'élèveraient les malades à la suite d'une retraite qui avait eu pour théâtre les cimes neigeuses et glacées du Jura, que nos troupes avaient dû franchir par une température rigoureuse, harassées par des marches forcées, sous le coup d'une alimentation souvent insuffisante, et poursuivies par un ennemi implacable et victorieux, notre première pensée fut de télégraphier au ministre de France à Berne, qui devait nécessairement alors se trouver en rapports continuels avec le Conseil fédéral. Et pour donner encore plus de poids, s'il était possible, à notre demande, je priais M. le commandant militaire de la subdivision de l'Ain, à Bourg, de la transmettre télégraphiquement, en insistant sur notre désir de voir utiliser nos services.

Le 5 février, la chancellerie française nous fit télégraphier que, après renseignements pris, notre présence était considérée comme inutile.

C'est alors, juste le lendemain, que parut au *Journal de Genève* un article qui accusait amèrement les médecins français de laisser à leurs confrères suisses tout l'embarras et toute la charge des nombreux malades dont la présence marquait pour ainsi dire chaque étape de notre armée sur le sol de la Conféderation.

Mis, pour ainsi dire, en demeure, par cette sorte de sommation de l'organe de publicité le plus accrédité du pays, nous télégraphiâmes aussitôt au consul français à Neuchâtel, point où débouchaient la plus grande partie de nos soldats, pour nous mettre, et de la manière la plus pressante, à la disposition de la Suisse dans les soins à donner à nos compatriotes malades. M. de Drée, notre consul, nous répondit que, après renseignements pris, notre présence était inutile. Le lendemain, de nouvelles attaques dirigées contre les médecins français parurent encore au *Journal de Genève*, dans lequel nous cherchions chaque jour avec anxiété, depuis notre arrivée à Bourg, tout ce qui pourrait nous apporter quelque éclaircissement sur l'horrible dénoûment qui menaçait de détruire notre infortuné pays.

En présence de cette persistance dans des inculpations certainement aussi injustes qu'elles étaient douloureuses pour des lecteurs à la fois français et médecins, nous nous décidâmes à recourir de nouveau au télégraphe pour offrir nos services, sur n'importe quel point de la Suisse, au comité de la Société internationale de secours aux blessés, à Genève.

Nous reçûmes la réponse suivante :

« *Doyon, 2ᵐᵉ ambulance lyonnaise, — Bourg.*

« Actuellement, pas besoin d'ambulance. Si nous avons besoin de médecins, nous vous télégraphierons plus tard.

« Signé : Comité international. »

Comme on le voit, notre espoir de nous rendre utile était encore une fois déçu. Eh bien ! malgré nos démarches réitérées, il nous fut encore donné de lire dans le numéro suivant du journal genevois de nouvelles plaintes — c'était pour la quatrième fois — sur la conduite des médecins français, en opposition, disait-on, avec le zèle et le dévoûment de nos confrères suisses. Cette fois, il ne nous restait plus qu'une ressource, c'était de nous adresser directement au *Journal de Genève* lui-même. C'est le parti que nous prîmes aussitôt ; je reproduis ici le texte de notre dépêche :

« *Journal de Genève, à Genève.*

« Les trois derniers numéros de votre journal accusent absence de médecins français. La 2me ambulance lyonnaise a envoyé des dépêches à Berne, Neuchâtel et Genève, offrant ses services. On a répondu qu'ils étaient inutiles. Sommes prêts à aller partout. Prière de nous répondre. »

Le *Journal de Genève* inséra notre protestation, et, le lendemain, le Comité international de Genève télégraphiait au Comité de Lyon de nous envoyer à Berne, où l'on utiliserait nos services. M. le docteur Gayet fut chargé de nous transmettre cet appel, qui fut accueilli par toute l'ambulance avec la plus vive satisfaction.

Désirant ne pas mettre le moindre retard à l'accomplissement d'un ordre que nous considérions non-seulement comme le premier et le plus impérieux de nos devoirs, mais comme le plus cher de nos vœux, nous consacrâmes la plus grande partie de la nuit à nos préparatifs de départ, et le jour suivant nous étions, à 5 heures du matin, en route pour Berne, où nous arrivâmes enfin le même jour, 12 février, à 4 h. 30 du soir.

Je me rendis immédiatement auprès de M. le commandant de place, qui me répondit que nous n'avions qu'à nous entendre avec le médecin suisse chargé du lazaret pour les malades français internés à Berne ou dans les environs, et, d'un autre côté, de nous adresser, pour connaître les localités où la présence des membres de l'ambulance pourrait être utile, à M. le ministre de la guerre de la Confédération. Partout nous fûmes accueillis avec la plus grande bienveillance et la plus vive sympathie. Nos offres furent immédiatement acceptées, et, dès le 13 février, il m'était possible d'organiser nos services, tâche qui me fut, du reste, de toutes parts, facilitée avec le plus cordial empressement.

D'après les indications de M. le colonel Velti, dont je ne saurais trop reconnaître l'extrême obligeance, j'envoyai trois membres de l'ambulance au cantonnement de *Wylherfeld*, près Berne, où se trouvaient plus de 1,200 internés. A *Muri*, dans le canton de Berne, un des nôtres était également là pour faire le service des malades français.

Je dirigeai sur *Zurich* deux de mes collègues et un aide-chirurgien. Dès le jour de leur arrivée, M. le commandant militaire de la ville leur donna à chacun une division de malades français. Quelques jours plus tard, l'un d'entre eux fut envoyé à *Rheingau*, où étaient un grand nombre de malades.

Enfin, deux d'entre nous, qui, sur la demande du commandant de place, s'étaient rendus à *Aarau*, furent installés, l'un à *Baden*, où il fit le service de nos compatriotes, de concert avec un des confrères suisses de la localité, et l'autre à *Aarburg*, où on lui confia la direction des malades installés dans la citadelle et de ceux d'un autre petit hôpital.

Dès le lendemain de mon arrivée à Berne, M. le docteur Vogt, directeur de la grande ambulance que l'on avait établie dans l'ancienne caserne de cavalerie pour nos compatriotes, me fit l'honneur de me remettre son propre service. Deux autres de mes collègues furent également chargés de diriger une section importante de cette ambulance.

Dans le cours de notre séjour en Suisse, j'eus l'occasion d'envoyer deux d'entre nous en mission, sur les indications de M. de Vaufreland, délégué du Comité central de secours aux blessés de Paris, que j'eus la bonne fortune de rencontrer à Berne. Le premier, accompagnant M. de Vaufreland, se rendit d'abord sur la frontière suisse et ensuite à Montbéliard, Belfort et dans les villages avoisinant cette dernière ville. Il s'agissait seulement d'y envoyer des secours de toute nature. Quant au second, il alla à Mouthiers, où sa présence n'ayant pas été ultérieurement jugée nécessaire, il ne resta que peu de temps.

De mon côté, je me rendis, avec une commission d'officiers supérieurs suisses et français, qui voulut bien m'autoriser très-gracieusement à l'accompagner, dans différentes localités: à Olten, Soleure, Herzogenbuchsée, Wangen, Thun, etc., où j'eus l'occasion de visiter les ambulances établies pour nos soldats malades. Des voix plus autorisées que la mienne ont déjà dit quel touchant et fraternel accueil nos compatriotes avaient reçu partout, de quels soins vigilants et dévoués ils étaient l'objet, combien la population entière se presssait autour du lit de ces victimes d'une guerre cruelle; tout ce que je pourrais dire ici ne donnerait qu'une bien faible idée de ce que j'ai constaté de charité et de soins empressés. La France a contracté là une de ces dettes de cœur que ses enfants n'oublieront jamais et qui font plus, pour cimenter l'alliance entre nations, que toutes les théories sur la fraternité des peuples !

Je ne puis entrer dans tous les détails que comporterait un séjour de près de trois mois dans toutes les ambulances de la Suisse; une pareille narration m'entraînerait trop loin, quelque intérêt qu'y voulût bien prêter le lecteur indulgent. Je me bornerai à donner la statistique complète des malades traités à l'ambulance de la *Caserne de cavalerie*, à Berne, rappelant toutefois, à ce sujet, que nous partagions là le service avec plusieurs de nos collègues de la Suisse, qui nous ont constamment donné les témoignages de la plus vive sympathie et de la plus touchante confraternité. Qu'ils acceptent ici nos affectueux remerciments. Nous avions pour auxiliaires un certain nombre d'étudiants suisses qui, sous le nom d'*assistants*, remplissent dans les hôpitaux les mêmes fonctions que nos internes. Je ne saurais trop louer le dévoûment dont ils ont fait preuve auprès de nos compatriotes, ainsi que leur assiduité et leur zèle à toute épreuve. Enfin, l'ambulance de la caserne de cavalerie était devenue le lieu de pèlerinage de toute la ville de Berne; les membres des deux Comités de secours accouraient chaque jour demander quels pouvaient être les objets utiles à nos malades, et ils s'empressaient de nous les faire parvenir dans la mesure de leurs moyens. Bien des fois nous avons rencontré là des conseillers d'Etat, des magistrats municipaux, des officiers du ministère de la guerre, qui venaient officieusement s'enquérir de nos desiderata et vérifier si nos malades étaient entourés de tous les soins nécessaires.

En outre, à chaque division, s'étaient spontanément adjointes un grand nombre de dames de la ville, qui prodiguaient à tous les soins à la fois les plus empressés et les plus délicats. Remplaçant nos sœurs de charité, dont le dévoûment et l'abnégation sont si appréciés dans nos maisons hospitalières, elles se succédaient dans leur touchant ministère de manière à ce que nos malades ne restâssent jamais seuls, les soutenant par des consolations et des encouragements plus appréciés, plus opportuns à ce moment que jamais. Quoi de plus triste, en effet, que de se voir mourir loin des siens, sur la terre étrangère, si une voix amie ne vient pas vous rappeler que, à défaut de parents, la grande famille humaine place à votre chevet ses représentants, qui veillent pour atténuer vos souffrances physiques et vos angoisses morales. Il nous souviendra toujours d'un vieux sergent, à moustache grise, dont le teint basané et les trois chevrons annonçaient de nombreuses campagnes, qui, atteint d'une indisposition légère, souffrait de ce mal profond, incurable qu'on appelle *nostalgie* et contre lequel les âmes les mieux trempées se trouvent sans défense quand elles sont abandonnées à leurs propres forces. Oh! nous l'affirmons, aucun de ceux qui, médecin ou malade, auront passé dans ces salles, ne se rappellera sans une douce et reconnaissante émotion les bons soins, les douces prévenances dont, pendant tout le temps qu'il y séjourna, il fut l'objet de la part de tous ceux qui venaient alors dans cet asile de la souffrance, c'est dire de la part de la cité bernoise entière. Pour nous, qui en fûmes les témoins de chaque instant, nous ne saurions l'oublier, et c'est le seul rayon de soleil qui aura éclairé une campagne incessamment marquée par des revers et des douleurs qui ne s'effaceront jamais non plus de notre mémoire.

MALADIES.	Entrées.	Décès.	MALADIES.	Entrées.	Décès.
			Report ...	430	53
Bronchite	38	2	Péricardite	4	
Catarrhe bronchique....	19		Parotidite	5	
Pneumonie...........	72	18	Glossite	1	
Pleuro-pneumonie......	15	1	Phlegmon de la cuisse...	3	
Pleurésie.............	19	3	Inanition..............	10	
Bronchite capillaire.....	2	2	Constipation	1	
Laryngite	3		Céphalée............	1	
Laryngo-bronchite......	1		Abcès de la cuisse	2	
Broncho-pneumonie	1		Panaris	1	
Pneumon. morbill. typh.	1		Ulcères des pieds.......	1	
Pharyngite	1		Néphrite	1	
Diphthérite.	1	1	Apoplexie cérébrale.....	3	
Empyème	2		Intoxication saturnine...	1	
Tuberculose	1		Hémicranie..........	1	
Catarrhe gastro-intestinal	23		Ictère................	2	
Diarrhée	46	1	Lymphangite...........	1	
Dyssenterie...........	1		Congélation des pieds...	7	
Embarras gastrique.....	9		— compliquée de tétan.	2	1
Fièvre gastrique	13		Entorse du pied.......	1	
Fièvre typhoïde........	111	25	Furoncles	2	
Entérite.............	1		Kératite.............	2	
Érysipèle généralisé	1		Brûlure du pied........	1	
— de la face	2		Fract. (olécrâne et cond).	1	
Angine	2		Abcès du pied	1	
Variole..............	11		Fracture de la jambe....	1	
Varioloïde	16		Contusion du testicule ..	1	
Rougeole............	1		— du thorax	1	
Rhumatisme..........	11		Abus alcooliques........	1	
Sciatique	2		Orchite et épidydimite ..	1	
Névralgie.	1		Blennorrhagie.........	3	
— orbitaire	1		Chancres simples......	3	
Endocardite	2		Divers..............	16	
Totaux......	430	53	Totaux.......	512	54

Ainsi, sur 512 malades admis à l'ambulance, il y a eu 54 décès, soit 1 sur 10.

Il serait sans doute très-intéressant de décrire les diverses formes de fièvre typhoïde, de pneumonie, de bronchite, de diarrhée, etc., qui ont présenté dans les conditions où se trouvaient les malades, un cachet tout particulier. Mais cette étude dépasserait le but que je me suis proposé , une statistique complète des divers services de l'ambulance.

D'après le tableau récapitulatif qui précède, il est facile de voir que les affections les plus fréquentes que nous eûmes à soigner, furent celles des voies respiratoires et les fièvres typhoïdes. Comment, en effet, en aurait-t-il été autrement ? Notre armée alors se composait surtout de jeunes recrues et de mobilisés. A peine organisés, on les dirigeait sur l'Est, où se débattait la dernière chance que nous eussions de mettre un terme à l'envahissement de notre territoire. Ces soldats mal aguerris, nullement rompus aux fatigues et aux privations que la guerre, et celle-là notamment, entraîne toujours après elle, obligés de faire immédiatement de longues marches, par une température exceptionnellement rigoureuse, se trouvaient ainsi sans défense contre toutes les causes de dépression et de refroidissement, auxquelles ils n'offraient qu'une résistance trop insuffisante. Ajoutez à cela que bon nombre d'entre eux vivant précédemment dans des climats plus tempérés étaient, par ce fait seul, plus aptes à contracter des rhumes, des bronchites, etc. Puis n'est-ce rien pour des soldats, et surtout pour de jeunes soldats, que ce manque absolu de confiance dans le résultat, que cette dépression morale qui vient accroître encore, s'il est possible, une prédisposition morbide si complexe et si accentuée ? Tout est facile au soldat victorieux ; tout devient lourd, pénible, impossible à celui qui n'entrevoit que la défaite à la suite de ses efforts. Et cependant pouvait-il en être autrement ? Nous ne le pensons pas. Dans les circonstances fâcheuses où fut placée la France, une seule chose était à faire c'était de créer sans cesse de nouvelles armées, quelqu'imparfaites et peu aguerries qu'elles fussent, afin de lutter contre le cruel envahisseur du sol. A tous les regrets, à tous les reproches prodigués à l'occasion des derniers efforts de notre pays, nous n'avons à opposer que ce côté de la question, nous n'avons à répondre que ce seul mot *patrie*, qui impose tous les sacrifices, atténue toutes les douleurs..... pallie toutes les fautes!

Ces marches forcées sur les pentes glacées du Jura, avec une nourriture trop rare, les jambes plongées dans la neige jusqu'aux genoux, devaient, on le comprend, être le point de départ de nombreuses affections des voies respiratoires, Aussi partout le nombre des pneumonies et des pleurésies fut-il considérable. De plus, l'état général des malades étant presque toujours asthénique, notablement déprimé et débilité, ces affections prenaient rapidement, comme fatalement, un caractère adynamique des plus prononcés. Nous en pouvons, d'ailleurs, dire autant de toutes les autres maladies que nous eûmes à soigner. Aussi la médication la plus employée par tous et celle qui nous donna les meilleurs résultats fut-elle la médication sthénique, tonique, réconfortante.

Ainsi qu'on devait s'y attendre d'après ce qui précède, nous eûmes la triste occasion de voir chez un certain nombre de nos malades se développer des lésions tuberculeuses du poumon à la suite de pneumonies en apparence franches ; et nous ne sommes que trop portés à croire que cette fâcheuse transformation pourra s'observer ultérieurement encore chez d'autres individus actuellement presque indemnes en apparence.

Les fièvres typhoïdes furent, comme on peut le constater, fréquentes aussi. En effet, les causes qui leur donnent habituellement naissance pullulaient ici actives et nombreuses : encombrement, fatigues excessives, nostalgie, désacclimatation, nourriture radicalement insuffisante, irritante, indigeste, usage supplémentaire des alcooliques, etc., tout concourait à la genèse de ces lésions qui, d'ailleurs même en temps normal, ont, on le sait, pour principales victimes les sujets de cet âge.

On emploie beaucoup en Suisse le bain tiède, presque frais, contre le typhus abdominal. Nous y avons eu recours nous-mêmes assez fréquemment, et sous son influence nous avons toujours reconnu un abaissement notable de la température du corps et une diminution de la fièvre. D'après nos observations personnelles, nous sommes disposés à admettre que la balnéation pratiquée dans de bonnes conditions, c'est-à-dire dans des chambres convenablement chauffées, et le patient étant à l'abri de tout refroidissement durant le transport au bain ainsi qu'au retour, constitue un moyen particulièrement efficace au milieu du trop nombreux cortège de médicaments que chaque époque, que chaque école traînent à leur suite et préconisent contre cette redoutable affection. Il nous paraît très-désirable que cette méthode soit expérimentée en France sur une plus grande échelle qu'on ne l'a fait jusqu'à ce jour. Nous croyons seulement, et nous insistons · tout spéciale - ment sur ce point, qu'il importe au plus haut degré d'éviter les *coups de froid.* Sans cette précaution, on voit survenir des complications formidables du côté des organes thoraciques. Il est vrai que notre hiver exceptionnel multipliait aussi les chances d'un tel accident.

De même que chez la plupart de nos malades, le caractère concomitant du typhoïsme était l'adynamie : aussi la médication employée de préférence fut-elle surtout choisie parmi les toniques et les excitants. C'est à ces agents que nous ont toujours semblé pouvoir être attribués les meilleurs succès observés, soit dans les services de nos collègues suisses, soit dans les nôtres.

Plus tard les typhiques furent installés dans trois baraques construites à quelques cents mètres de distance de la ville (*Weiermanshaus*) dans une situation aussi salubre que possible. Ces baraques, auxquelles on ne pouvait adresser que le reproche de contenir un trop grand nombre de lits, étaient chauffées chacune par deux énormes poêles en tôle qui y maintenaient, malgré le froid rigoureux que nous eûmes jusqu'à la fin de mars, une température convenable et régulière. Entre ces trois baraques, et les reliant en quelque sorte, se trouvaient la cuisine et la salle de bains. Nous nous réservons d'appeler l'attention de la Société de secours aux blessés sur ces logements, très-suffisamment hygiéniques et mêmes confortables, quoique improvisés, dont la construction en temps de guerre, dans certaines localités de notre pays, serait appelée à rendre les plus grands services, puisqu'ils permettent d'éviter à peu de frais l'encombrement des hôpitaux, point de départ avéré d'épidémies graves et de complications on ne peut plus dangereuses pour les malades et les blessés. Les Américains d'abord, pendant la guerre de la sécession, et les Prussiens ensuite, pendant cette dernière campagne ont utilisé avec grand profit ce mode d'hospitalisation. Nous ne faisons qu'indiquer cette lacune et ce vœu, nous proposant d'y revenir, dans un autre travail, d'une manière plus complète.

Les cas de congélation des pieds que nous avons eu l'occasion d'observer ont été peu nombreux relativement au nombre des malades, et du reste les lésions étaient superficielles et assez limitées. Mais comme c'est à Berne, c'est-à-dire sur un point assez éloigné de la frontière, que nous faisions notre service, faut-il en conclure simplement que les cas les plus graves étaient hospitalisés dès l'entrée des malades sur le territoire suisse, c'est-à-dire aux Verrières, au Locle, à la Chaudefonds, à Neufchatel, etc. ?... C'est là l'interprétation que nous croyons exacte.

Parmi les faits de ce genre que nous avons observés, un surtout nous a vivement frappé. Il s'agit d'un homme dont le gros orteil du côté gauche présentait à sa surface interne une congélation occupant l'étendue d'une pièce d'un franc. L'eschare commençait seulement à se détacher, lorsque, sans cause appréciable il se produisit des accidents tétaniques que ni le chloroforme à haute dose, ni les injections morphinées hypodermiques, ni les pansements à la morphine ne purent conjurer, et la mort survint rapidement. En général, d'ailleurs, tous les congelés qui se présentèrent à l'ambulance portaient sur la face interne des deux gros orteils des eschares parfaitement symétriques. Il y avait loin de ces cas de congélation à ceux que nous avions observés pendant la première partie de notre campagne, alors que, durant le mois de décembre, nous étions attachés à l'armée de la Loire. Là nous avions vus les effets du froid provoquer les plus graves accidents chez quelques-uns de nos malheureux soldats gisant, toute une nuit et même plus longtemps, sur le champ de bataille. Plusieurs avaient les membres inférieurs complètement congelés, et chez quelques-uns nous dûmes pratiquer l'amputation de la cuisse.

Heureusement, quoique la température fût encore aussi excessive, n'en fut-il pas de même dans le Jura ; les soldats, marchant toujours, ne présentaient que des congélations partielles que favorisaient, il est vrai, la mauvaise qualité de leurs chaussures et aussi cette circonstance que, arrivant le soir au bivouac, harassés de fatigue et transis, ils exposaient à un feu ardent leurs souliers imprégnés et souvent même remplis de neige. Mais si l'état adynamique était la forme la plus usuelle revêtue par les fièvres typhoïdes et d'autres affections inflammatoires, je dois rappeler aussi qu'au début nous nous sommes trouvés en présence de quelques cas dont le diagnostic ne pouvait se traduire que par le mot *inanition*. En effet, comment caractériser autrement un état apyrétique apparaissant sur des hommes jeunes, de constitution délicate, chez lesquels l'examen ne révélait aucun phénomène pathologique appréciable et qui cependant, complètement dépourvus de forces, étaient dans l'impossibilité de rester debout ou assis, tout à fait inappétents malgré les mets les plus variés offerts à leurs organes alanguis, et que l'on voyait s'éteindre malgré l'emploi des toniques et des excitants incapables de réveiller une vitalité que la prédisposition native peut-être, mais sans doute des fatigues excessives, des aliments insuffisamment réparateurs avaient atteinte d'une manière irrémédiable.

Chez tous, du reste, la convalescence était longue, et l'auxiliaire le plus puissant pour relever les forces, le tonique par excellence fut l'évacuation sur le pays natal, que grâce aux facilités des chemins de fer nous pratiquâmes sur une large échelle.

Le chiffre des varioleux a été d'environ 35 à 40 pour les internés répartis dans la ville de Berne ou dans ses environs immédiats. On les avait mis dans une maison particulière (*Steigerhubel*, près Holligen), à quelques minutes de distance des baraquements contenant les typhiques.

J'ai eu occasion d'observer quelques cas, peu nombreux, il est vrai, d'érysipèles spontanés ; ils furent tous heureusement modifiés, soit par des frictions avec l'essence de térébenthine, préconisée depuis quelques années contre ces affections par M. le docteur Lücke, professeur de chirurgie à l'Université de Berne, ou par des badigeonnages au perchlorure de fer.

Nous aurions bien d'autres réflexions à présenter sur les faits intéressants passés sous nos yeux pendant notre séjour en Suisse ; car nous espérons avoir, médicalement, mis à profit autant que possible les circonstances malheureuses dans lesquelles nous nous sommes trouvés. Plus tard nous espérons pouvoir donner un compte-rendu clinique plus complet des observations que nous avons recueillies dans cette conjoncture. Nous sommes, en effet, de ceux qui croient qu'il y a un puissant intérêt à comparer sans cesse les méthodes usitées en France avec celles employées dans les autres pays. Les uns et les autres nous aurions à gagner à cet échange incessant, à ces communications scientifiques entre tous les peuples, qui tourneraient à la destruction des préjugés et de la routine, au progrès de la science et à l'union des peuples. Nous avons suivi de près les procédés de nos confrères de la Suisse, leurs méthodes thérapeutiques ; et cette étude, nous le répétons, n'a pas été sans utilité pour nous et nous a confirmé une fois de plus dans cette pensée que si la vérité n'est pas l'apanage d'un homme, elle n'est pas davantage celui d'une nation.

Nous n'ajouterons plus qu'un mot au sujet des affections vénériennes et syphilitiques et des maladies de la peau. Comme on peut le constater par le tableau ci-dessus, elles se présentèrent en très-petit nombre à l'hôpital. Dans le cantonnement de Wylherfeld, à quelques minutes de Berne, où se trouvaient réunis environ 1,200 hommes, plusieurs de mes collègues passèrent la revue *spécifique* de tous ces internés, et c'est à peine s'ils constatèrent une proporition de 4 vénériens sur 100. Nous trouvâmes également un très-petit nombre de galeux. Preque tous les sujets qu'on avait pu regarder comme en étant atteints étaient envahis par les *pediculi vestimentorum* ; mais, grâce aux seuls soins de propreté, aux bains que nous pûmes leur faire prendre à tous, grâce aussi au changement complet de vêtements, ces hôtes incommodes des armées et des camps disparurent bientôt complètement. — Je signalerai encore quelques cas d'érythème, qui se modifièrent rapidement sous l'influence de boissons rafraîchissantes et de bains émollients. Ici comme pour tous les autres soins nous étions secondés par le dévouement des comités et des délégués du ministère de la guerre, qui rivalisaient de zèle pour assurer le bien-être de nos hommes et combattre les inconvénients inhérents à toutes les grandes agglomérations humaines.

Notre rôle en Suisse ne pouvait se borner à donner des soins aux malades : d'autres besoins presque aussi pressants, aussi urgents réclamaient notre concours le plus empressé. Il s'agissait de fournir à nos soldats du linge, des vêtements, des chaussures surtout. En voyant bon nombre d'entre eux, on se demandait dans quel état ils avaient dû parcourir les dernières étapes, dans quel costume ils avaient fait leur entrée sur le sol si largement hospitalier de la Suisse ? Nous avions dans le lazaret de la caserne de cavalerie une vaste salle au premier, que l'on désignait sous le nom de *salle de paille* en raison du genre de literie sur laquelle couchaient les individus indisposés, fatigués, et qui renfermait de 250 à 300 personnes. Entre cette salle et les divers cantonnements de Berne ou des environs il s'opérait des échanges continuels ; c'était un va-et-vient incessant. Nous y faisions la visite deux fois par jour. On opérait le triage de tous ces malades : après examen, ceux qui devaient entrer dans les salles y étaient immédiatement dirigés, et les autres, suivant la nature de leur indisposition, étaient soignés là pendant quelques jours jusqu'à ce qu'ils fussent en état de rejoindre leurs lieux d'internement.

Notre constante préoccupation était l'évacuation de nos malades sur la France. Nous savions quelle influence fâcheuse la nostalgie, la démoralisation tendent à exercer sur des affections légères au début, tels que bronchite, embarras gastrique, diarrhée, etc..., et quelle aggravation ces affections en subissent. Nous croyons que le retour dans leur pays, un climat plus tempéré étaient alors la thérapeutique la plus efficace à laquelle nous puissions avoir recours. Aussi n'hésitâmes-nous jamais à organiser de nombreuses évacuations, en tant bien entendu que l'état des malades ou plutôt des *indisposés*, dirons-nous avec plus de justesse, l'autorisait, sans faire appréhender aucune aggravation par le fait même du voyage.

Tous nos malades, quand leur santé le permettait, étaient envoyés au bain et on leur donnait du linge propre et des vêtements.

Pour subvenir à toutes les demandes ce n'était pas trop du concours de tous. C'est là que nous eûmes à vérifier à quel point l'initiative privée peut remplacer les institutions administratives; ici, à Berne, l'initiative de tous a réalisé de vrais prodiges, et nous ses spectateurs nous avons de mieux en mieux compris que l'assistance des classes aisées vis-à-vis de ceux qui ont besoin peut se produire et donner des résultats admirables, en dehors de la tutelle de l'Etat. La meilleure part en revient à la Société de secours aux blessés, à cette association généreuse qui, en France comme en Suisse, a donné des preuves éclatantes de charité, de dévouement et d'abnégation. Les comités établis à Berne ont fonctionné d'une manière admirable; il en a été de même, d'ailleurs, dans toutes les autres localités de la Suisse. Ils sont venus en aide à nos malades de la manière la plus effective en apportant objets de literie, linge, habillements, chaussures, etc... De notre côté, nous ne restions pas inactifs; grâce à l'ambassade de France à Berne, que nous ne saurions trop remercier et de la sympathie avec laquelle elle seconda nos efforts et des facilités que nous dûmes à son intervention ; grâce au libéral et empressé concours de M. Vernes d'Arlandes, délégué de la Société de secours aux blessés pour la région de l'Est ; à celui toujours si bienveillant et si dévoué de M. le comte d'Espagny; du comité lyonnais, dont il est le président; de M. de Vaufreland, délégué de la Société centrale; de M. Henry, préfet de Nyon (Suisse), dont nous ne saurions trop louer le généreux empressement et auquel nous nous étions adressés, sur le conseil de M. Albert de Watteville, pour avoir des chaussures, et qui nous répondit en nous envoyant 500 fr. ; du comité de Lyon, de celui de Bordeaux, dont les délégués

MM. Quénin et Desplats mirent à notre disposition, le premier, six ballots de vêtements de laine et le second quatorze hectolitres de vin et plusieurs caisses de cognac, provisions qui nous permirent de soulager tant d'infortunes, soit dans notre ambulance, soit dans diverses localités que voulaient bien nous désigner les présidents des comités de la ville. Nous ne pouvons entrer ici dans des détails qui montreraient combien ont été grands les résultats obtenus à l'aide de la coopération individuelle.

Pendant notre séjour à Berne, plusieurs convois de blessés venant d'Allemagne passèrent à la gare. De concert avec le ministre de France, qui avait la bonté de nous faire prévenir, et les délégués des comités des sociétés de secours de Berne, nous organisâmes de nombreuses distributions de vêtements, de cigares, etc.

A tous ces secours si cordialement offerts, si largement distribués, à tous ces témoignages de la meilleure, de la véritable fraternité, de celle du moins qui doit se retrouver au fond de tous les cœurs, nos soldats répondaient par l'expression de la plus vive reconnaissance pour la sympathie que l'on témoignait et à leurs souffrances et à leurs malheurs immérités.

A notre arrivée en Suisse, M. le ministre de la guerre nous offrit avec la plus courtoise insistance les mêmes appointements que ceux attribués à tous les médecins suisses ou chirurgiens militaires français chargés d'un service médical de l'internement. Les ambulances lyonnaises ayant toutes fait la campagne gratuitement, il nous sembla convenable de ne pas accepter en pays étranger une rémunération de nos services, alors que nous l'avions refusée en France, et l'opinion unanime parmi nous fut de persévérer dans la voie que nous nous étions tracée dès le début de la guerre.

NOTES.

Une chose nous a frappé pendant notre séjour à Poupry et dans les environs d'Orléans, ainsi que durant tout le cours de notre campagne, c'est le nombre relativement considérable d'individus qui ont été ensevelis sans qu'il ait été possible de constater leur identité. Les familles cependant ont des droits, des anxiétés, des intérêts dont il serait injuste de ne pas tenir compte, et il serait nécessaire qu'elles fussent édifiées sur le sort des absents. Je crains bien que dans cette guerre il ne s'en trouve sur lesquels on ne soit jamais renseigné. On n'a rien fait en France contre un pareil état de choses. Tandis que en Amérique, en Allemagne et dans d'autres pays on a depuis longtemps pris des mesures sérieuses et efficaces contre le défaut d'informations au sujet des blessés et des morts, chez nous on en est toujours au même point, c'est-à-dire qu'aucune précaution n'a été prise en vue de cette douloureuse, mais indispensable constatation. Chez nous un homme part se croyant, à ce qu'il semble, aussi invulnérable, aussi immortel que son pays le croit invincible. Le cas de mort n'est point prévu. Il n'en est pas de même chez les Prussiens comme nous avons été, à plusieurs reprises, à même de le remarquer. Chaque soldat porte suspendu a son cou une petite plaque de ferblanc, à coins arrondis, sur laquelle sont inscrits le numéro du régiment auquel il appartient et celui qu'il y porte lui-même et qui sert à constater son identité en cas de mort. Les soldats l'appellent ironiquement le *Grabstein* (pierre tumulaire).

L'importance d'une mesure analogue à prendre pour notre armée n'est pas à discuter, soit au point de vue de l'état civil, soit à celui de l'intérêt des familles, et nous espérons bien que cette lacune sera comblée et qu'on n'omettra dans les réformes que devra nécessairement subir notre organisation militaire aucune des améliorations dont l'introduction parmi nous devient de plus en plus urgente.

Au nombre encore des modifications que les faits qui se sont produits durant cette guerre à jamais néfaste ont rendu nécessaires se placent en première ligne le respect inviolable qui doit s'attacher à tout ce que protége la croix de Genève, vœu qui comme conséquence obligatoire, exige que cet emblème de protection aux faibles ne soit jamais détourné de sa destination. Aussi voudrions-nous tout d'abord que le brassard fût porté exclusivement par ceux qui y ont droit, c'est-à-dire par le personnel des ambulances volantes ou sédentaires ; que la garantie qui y serait alors attachée dans ces conditions limitées fût complète ; que partant tout individu trouvé indûment porteur du signe de la Convention internationale fût passible des peines les plus sévères. Mais comme complément, il serait indispensable, si des faits aussi monstrueux que celui d'Hauteville venaient à se reproduire, que l'enquête sur de pareils actes qui révoltent la conscience humaine fût dévolue à des neutres dont l'autorité, explicitement reconnue à l'avance par les deux parties, agirait par une investigation minutieuse et impartiale, et, après instruction et débat contradictoire, déciderait en dernier ressort quel a été le coupable, et ferait ressortir, s'il y a lieu, les circonstances atténuantes qui, presque toujours, il faut l'espérer, seront là pour diminuer l'horreur qu'inspirent de pareils crimes. Devant ce tribunal d'enquête internationale viendraient aboutir toutes les réclamations auxquelles pourraient donner lieu les violations, si souvent reprochées de part et d'autre, de la Convention genevoise ; la crainte seule d'être dénoncé à l'opinion publique comme ayant manqué aux obligations qu'elle impose serait déjà un motif de plus de faire respecter sa régulière observance, vu le désintéressement et l'impartialité notoires du jury qui aurait statué.

Cette immunité, que nous réclamons entière et effective pour le brassard, nous la demandons aussi pour le matériel des ambulances, qui, perdu ou pris sur les champs de bataille, devrait être restitué toujours et à première réclamation. Il est vrai aussi

que le drapeau blanc à croix rouge ne devrait flotter que sur des
voitures ou des objets destinés aux blessés ou aux malades et
que les fourgons sanitaires ne devraient jamais servir au transport des munitions ou du butin, comme les Prussiens l'ont fait,
dit-on, alléguant qu'ils n'avaient à ce moment aucun autre véhicule
à leur disposition et nullement parce que ces voitures étaient
estampillées à la croix rouge.

Il en est de même encore des maisons qui s'ouvrent charitable-
ment pour recueillir des blessés. A Orléans, un arrêté du commandant de place prussien avait disposé que « toute maison
dans laquelle on aurait reçu six blessés aurait droit à arborer le drapeau de la Convention et se trouverait à l'abri des réquisitions de
logement pour les troupes ennemies. » Eh bien ! cet article émané
du chef même de l'autorité militaire prussienne ne fut pas toujours respecté, et nous connaissons, nous pourrions nommer plus
d'une personne qui, ayant chez elle six et même huit blessés, se
vit envahie par des militaires, au mépris même des règlements
édictés par leurs propres chefs.

La Convention de Genève est un des résultats humanitaires
les plus nobles, les plus consolants qui aient été réalisés dans
ce siècle. On pouvait croire, au moment où elle a été conclue,
qu'elle ne serait qu'un témoignage éclatant, qu'un hommage
théorique rendu aux sentiments de paix et d'union vers lesquels
paraissaient tendre toutes les nations. Il n'en a rien été. Et si une
nouvelle guerre doit malheureusement s'ouvrir encore, que du
moins tous les moyens qui peuvent en adoucir les horreurs et les
cruelles conséquences soient mis en œuvre. Cette mission appartient à la Société de secours aux blessés. Par ce qu'elle a déjà fait
on peut juger de ce qu'elle fera dans l'avenir : aussi lui soumet-
tons-nous les enseignements que la faible part que nous avons dû
à son initiative de pouvoir prendre à son œuvre humanitaire
nous a permis de recueillir pendant le cours de cette campagne.

Que la présence des médecins militaires ou civils soit indispensable sur le champ de bataille ? personne ne songera seulement
à poser la question. Il suffit de s'être une fois trouvé là pour

comprendre combien, en face d'aussi impérieux besoins, il importe non-seulement d'admettre, mais de faciliter de toutes manières et à tous les points de vue la tâche des ambulances quels que soient leur nom, leur origine, leur patrie. Toutes doivent être également protégées par la Convention de Genève. Ceci est une vérité incontestable, comme un axiôme de l'art militaire.

Mais s'il est simple et facile de décréter que tout individu secourant les blessés sur les champs de bataille sera neutralisé, ardues, multiples sont les difficultés auxquelles on se heurte dans l'application de mesures aussi légitimes. Que, dans le cours d'un combat, des projectiles viennent à atteindre un médecin, ceci ne peut être évité d'une façon absolue. Nos confrères, du reste, ne sauraient s'en formaliser ; car, comme le soldat auquel ils doivent leurs soins, ils ont d'avance fait le sacrifice de leur vie ; ils demandent seulement à être épargnés dans la mesure du possible parce que, plus que jamais alors, leurs services sont utiles et qu'ils ont déjà, en vertu d'autres causes, de non moins grandes chances de mort à courir.

Nous ne reviendrons pas sur le meurtre de médecins ou d'infirmiers ; ce sont là des crimes abominables dont la répression doit être poursuivie par tous les moyens possibles. Nous insistons seulement en ce moment sur les immunités que doit conférer le drapeau à croix rouge.

En général, la Convention de Genève a été régulièrement observée, et on peut dire qu'elle a aujourd'hui conquis, par de nobles services, son droit à la protection et au respect universels. Mais pour la rendre plus respectée encore, plus digne de la vénération de tous, quelques desiderata se présentent à étudier, quelques modifications à introduire pour rendre son fonctionnement plus régulier et plus facile. Comme toutes les choses humaines, elle est perfectible, et c'est par l'expérience et le travail qu'on peut arriver à de meilleurs résultats encore que ceux qui ont été déjà obtenus.

Nous demandons, nous réclamons formellement l'institution d'un *tribunal de neutres* pour garantir l'exécution de la Convention. Nous avons déjà fait pressentir, en quelques mots, quel serait le rôle de cette magistrature, analogue, d'ailleurs, aux jurys internationaux appelés à statuer sur la validité des prises faites sur mer en temps de guerre et dont la juridiction est partout acceptée. Mais ce que nous voulons encore, c'est que ce tribunal surveille, contrôle tous les actes, surtout ceux qui, pouvant compromettre le drapeau à croix rouge, l'exposent à perdre l'autorité que, dans l'intérêt de tous, il doit conserver aux yeux de tous. Nous avons surtout en vue ici l'usurpation du brassard. Bien des abus se sont produits pendant cette campagne. Nul ne l'ignore? Les personnes les plus désintéressées, les plus autorisées en ont été témoins. Le délit constaté, la répression, une répression énergique aurait dû avoir lieu ! Il n'en a pas été ainsi. Au nom de la morale comme au nom de la sûreté publique, nous la réclamons instamment pour l'avenir. Sous le moindre prétexte, sans y être le moins du monde autorisé, chacun se mettait un brassard. A Orléans notamment nous avons vu des signes de la Convention munis du seul timbre de l'évêché, que les porteurs avaient fait apposer dans l'intention sans doute de légaliser leur usurpation. C'était là une transgression qu'il nous a été pénible de voir impunément et itérativement commise.—Nous avons spécifié que les brassards devraient porter la signature de délégués officiellement nommés et assermentés, pourrions-nous dire, par les puissances étrangères. Dans notre ambulance, nous avions tous une carte estampillée du comité de Lyon, signée de notre président, par laquelle était établie authentiquement notre identité. Il paraît qu'il n'en était pas ainsi dans toutes les ambulances, notamment dans quelques-unes de celles de Paris. C'est là une très-regrettable lacune. Il faudrait plus encore, et nous en émettons le vœu formel, c'est que la carte soit écrite dans les deux langues des belligérants et contre-signée par les délégués dont nous parlons.

Le but de nos réclamations est aussi évident qu'il est humanitaire. Une fois les fraudes prévenues, les droits de notre Société ressortiront sans conteste aux yeux de tous, et c'est là, comme partout, en pratiquant les devoirs que l'on arrivera à faire respecter les droits ; droits sacrés inscrits sur ce drapeau qui ne doit signifier que aide et protection à tout être qui souffre et sécurité pour ceux qui se sont voués à la défense, si périlleuse sous tant d'autres rapports, des principes qu'il représente.

Il me reste à dire quelques mots d'un point d'une importance plus secondaire, mais que je ne dois pas complètement passer sous silence, c'est la question du port des armes, pour le personnel des ambulances. La nation prussienne étant complètement militarisée, tous ceux qui à un titre quelconque se trouvent dans l'armée portent des armes. Il n'en est pas de même chez nous, où les ambulances de la Société de secours aux blessés, n'étant pas militaires, ne paraissaient pas devoir porter des armes. De cette situation naissaient des réclamations qui se sont produites plusieurs fois à propos de la différence existant dans les ambulances des deux camps, ambulances qui, ayant les mêmes droits et la même mission, auraient dû avoir les mêmes insignes. Notre opinion personnelle nous ferait incliner vers l'absence complète d'armes ; cependant, en présence des nombreux maraudeurs qui infestent les champs de bataille, il nous paraîtrait utile que le port d'armes fût autorisé pour les ambulances volontaires de même que pour les chirugiens militaires. Le sabre ou l'épée suffisent, car il servent à dénoter que l'individu qui en est porteur est, momentanément du moins, attaché à l'armée et partant est astreint aux mêmes devoirs et possède les mêmes droits.

Les diverses tentatives qui se sont produites dans cette dernière guerre auront pour résultat de nous conduire à étudier les différents modes d'hospitalisation des malades, et de ces études comparatives les Sociétés de secours et les administrations hospitalières de nos cités pourront certainement tirer profit. Les tentes carrées américaines sont, d'après les renseignements que nous avons pu recueillir, celles qui paraissent avoir obtenu le plus de succès pendant le siége de Paris. Des rapports détaillés seront sans doute publiés à cet égard, et on sera alors à même d'apprécier leurs avantages, de décider si l'on doit, dans l'avenir, leur donner la préférence sur des tentes d'une autre forme ou des baraquements. Je me bornerai à donner ci-joint le croquis et à indiquer l'arrangement d'un groupe de baraques comme je l'ai vu organisé en Suisse, lesquelles présentent les meilleures dispositions au point de vue de l'hygiène des malades et des blessés. Je résumerai sommairement les avantages qu'offre ce système de baraques, me réservant de compléter plus tard cette étude :

1° Les baraques sont de plain-pied, et l'on n'est pas, comme cela arrive dans les hôpitaux ordinaires, exposé à ce que les émanations nosocomiales du rez-de-chaussée s'élèvent aux étages surperposés et les infectent. Il en résulte, en outre, que les malades peuvent, au premier rayon de soleil, aller dans le jardin, en plein air, et bénéficier de ces conditions hygiéniques nouvelles si précieuses pour les organismes débilités. Combien de fois n'arrive-t-il pas que, avec les systèmes actuels, des blessés, des infirmes, des impotents restent toute la journée dans la salle, où, malgré leurs besoins et leurs désirs les plus impérieux, ils sont retenus par les difficultés et les craintes de descendre un escalier un peu élevé et raide, et surtout par la perspective d'un retour plus fatigant encore.

2° Il est aisé d'y élever la température, soit en chauffant le sol comme dans les tentes américaines, soit, comme nous l'avons déjà dit, en établissant *d'immenses* poêles en tôle, moyen très-pratique, comme on dit aujourd'hui, pour le service d'infirmerie de la salle. A l'aide de ces poêles chauffés très-économiquement avec de petites quantités de bois, j'ai vu la température des baraques du *Weiermanshaus* se maintenir à 16° c. pendant les froids rigoureux que nous avons eu à supporter à Berne.

3° La ventilation y est des plus aisées et des plus complètes, et jamais nous n'avons constaté une odeur désagréable, bien que ces baraques, consacrées exclusivement aux affections typhoïdes

graves, reçussent les émanations fétides provenant des déjec-
tions des malades, si rapidement qu'on eût soin de les enlever.
Les lieux d'aisance sont en dehors des baraques, et ceux à qui
leur état ne permet pas de sortir ont recours à des chaises.

4° Il est admis, je crois, par tout le monde, que le séjour pro-
longé sur un même point d'un hôpital détermine, quelques soins
que l'on prenne, une accumulation de matières putrides, une
concentration, une *capitalisation* de miasmes, si le mot pouvait
s'appliquer à des choses de cet ordre. Or à cette imprégnation du
sol, des parois, des objets, on ne peut remédier qu'en chan-
geant de place les locaux destinés aux malades, ce qui n'est
vraiment réalisable qu'avec un système aussi mobile que celui
des baraques dont nous parlons.

Il n'entre pas dans notre pensée, on le comprend, de réclamer
le remplacement des hôpitaux par des baraques ; mais nous vou-
drions que, pour compléter les données que fournira l'étude des
ambulances, on fît, à l'hôpital de la Croix-Rousse, par exemple,
dans une saison convenable, des essais comparatifs entre l'installation ordinaire dans les salles et celle de baraques telles que
nous les avons vu fonctionner et dont nous donnons le plan. Ces
expérimentations auraient une utilité incontestable. Elles permettraient de se diriger dans une voie sûre en cas d'une nouvelle
guerre, et d'établir sur des lignes d'étapes des baraques dans
lesquelles on pourrait hospitaliser nos malades et nos blessés
dans de bonnes et salubres conditions hygiéniques. Du reste,
le prix de ces baraques est relativement minime, et, suivant les
temps et les lieux, il sera toujours facile de les mettre en rapport avec le but que l'on se proposera d'atteindre.

Jaloux d'utiliser aussi largement que possible, au point de
vue humanitaire, les quelques loisirs que me laissaient mes fonctions, j'ai pensé qu'il ne serait point inutile d'étudier le matériel
des ambulances de la Suisse. Sachant le haut intérêt que la
Société de secours aux blessés, si dignement représentée dans
notre pays, porte à l'organisation du service des ambulances

volontaires qu'elle a créées dans cette dernière guerre avec une si vigoureuse et si intelligente initiative, j'étais assuré de ne pas la trouver indifférente aux données que nous pourrions recueillir dans ce pays si industrieux sous le rapport de la mécanique pratique.

Ce sont ces documents que j'ai aujourd'hui l'honneur de venir soumettre aux membres du comité.

La Suisse m'a paru pratiquer à l'égard des ambulances et de leur matériel les préceptes que les anciens conseillaient autrefois à ceux qui voulaient la paix : *Si vis pacem, para bellum*, c'est-à-dire qu'elle est organisée comme si elle devait entrer en campagne demain. Le matériel présente à un haut degré les qualités d'application, et les Prussiens, qui sont à l'affût de tous les perfectionnements, ne dédaignent point de venir souvent les étudier pour en faire leur profit. Il devrait en être ainsi pour nous.

Je dois à l'obligeance de M. le docteur Lhemann, chirurgien en chef de l'armée fédérale, et de M. le docteur Berry, médecin divisionnaire et chargé de la direction du service de l'internement, d'avoir pu visiter, dans les moindres détails, tout ce qui a trait à ce matériel, et de l'avoir vu fonctionner sous mes yeux. C'est du reste à M. le docteur Lhemann que la Suisse est redevable de tous les appareils perfectionnés qu'elle a aujourd'hui à sa disposition ; c'est à son intelligente activité, à sa persévérance que sont dues toutes les créations et toutes les améliorations qu'on y a, par degré et sans relâche, introduites dans ces dernières années.

Une des choses qui nous frappa le plus pendant cette guerre, ce fut la difficulté où l'on était de faire évacuer les blessés et les malades, du moins de les transporter, dans de bonnes conditions, à de grandes distances.

Aujourd'hui cependant les voies ferrées sont assez multipliées pour que presque toujours on puisse y avoir recours. Suivant que blessés ou malades sont plus ou moins gravement atteints, il importe d'opérer leur évacuation sur des dépôts plus ou moins éloignés ; il en est qui évidemment ne pourront plus servir, d'autres auxquels de longs mois de traitement seront nécessaires pour le rétablissement de leur santé, etc... Tous ceux-là devront, par conséquent, être dirigés sur les points extrêmes. Il ne s'agit pour cela que d'avoir à sa disposition un matériel convenable. Construire des wagons spéciaux serait parfait sous beaucoup de rapports qu'il est évidemment inutile de faire ressortir. Mais ce serait créer à grands frais un matériel considérable, d'un entretien difficile et dont l'inutilité en temps de paix serait à peu près complète. Bien entendu, il n'est question ici que du transport des malades et des blessés dangereusement atteints, et qui doivent rester couchés, les autres pouvant voyager dans des wagons ordinaires. Or, en Suisse, on a utilisé de la manière la plus heureuse les *wagons à marchandises couverts*, pour les blessés ou malades dont le transport exige de grands soins et qui ont à redouter les secousses ; les autres peuvent être simplement étendus sur de la paille dans les wagons ordinaires. Voici comment ce matériel est aménagé :

On dispose dans chaque wagon à marchandises des tréteaux à un ou deux étages, portant dans le premier cas deux lits et dans le second quatre lits. Dans les wagons suisses on peut placer deux de ces tréteaux à deux étages, de sorte qu'il est possible de transporter ainsi huit hommes par chaque voiture. Ces appareils sont désignés sous le nom de : *lits sur tréteaux avec ressorts à feuilles.* On emploie aussi des *lits sur tréteaux suspendus par des anneaux en caoutchouc* ; ces anneaux sont fixés, au moyen de courroies, à des boucles en fer qui elles-mêmes sont vissées dans les parois latérales du wagon. Dans l'un et l'autre système il reste entre les lits un passage libre qui permet à un médecin ou à un infirmier de donner leurs soins aux malades.

La disposition de ces appareils, tels que je viens de les décrire, est du reste très-facile à comprendre. Je les ai vus montés, et ils m'ont paru réunir la solidité aux conditions qui réalisent l'absence à peu près complète de secousses et permettre en même temps de surveiller facilement l'état des malades.

Or, pourquoi ne créerait-on pas chez nous un matériel analogue à celui dont je parle, matériel dont la construction serait très-peu dispendieuse, qui, pouvant se démonter facilement, occuperait très-peu de place dans les dépôts et permettrait d'utiliser les wagons de marchandises des compagnies de chemin de fer? Blessés et malades pourraient alors être confortablement transportés d'un point du territoire à l'autre, être placés immédiatement et jusqu'à destination dans les meilleures conditions hygiéniques, évitant ainsi ces évacuations successives qu'une marche en avant de l'ennemi peut nécessiter parfois, au grand détriment des uns et des autres.

Il y a là une question tout à la fois humanitaire et économique qu'il importe de résoudre, et il appartient à notre Société d'en prendre l'initiative. Il me paraît inutile de faire ressortir les avantages immenses de ces trains sanitaires que l'on pourrait ainsi constituer; ces avantages sont tellement évidents qu'une seule chose nous étonne, c'est que la France en soit encore dépourvue.

Mais à côté de ce desideratum, qu'il appartient à l'état de combler, il est d'autres points sur lesquels je voudrais appeler l'attention du comité. J'aurai surtout en vue ce qui s'est fait à Lyon pour l'organisation des ambulances, et ce que comparativement on pourrait préparer pour l'avenir. Les moyens de transport que nous avions à notre disposition consistaient en deux break et une espèce de voiture dite tapissière, toutes les trois d'ailleurs destinées au transport du matériel, les membres de l'ambulance devant marcher à pied, sac au dos. Tous nous sommes, je crois, revenus de cette campagne convaincus qu'une telle organisation est essentiellement défectueuse. Si elle a pour avantage d'imprimer au personnel médical des allures spartiates qui le rompent aux fatigues et l'aguerrissent, d'autre part elle le met dans l'impossibilité presque absolue d'arriver en temps opportun sur les points où sa présence est le plus nécessaire, peut-être indispensable.

La *mobilité* doit être la première condition d'une *ambulance*. La chose le veut plus encore que le nom, il faut qu'elle puisse se transporter rapidement d'un point à un autre, ce n'est qu'à cette condition expresse qu'elle parviendra à rendre les services que l'on est en droit d'attendre d'elle. Elle doit pouvoir conduire sur le théâtre de l'action et le personnel qui la compose et son matériel. Aussi dans ma pensée — et je ne crains pas de le répéter — une ambulance composée de vingt personnes comprendrait deux voitures pour le transport des blessés et deux fourgons pour le matériel et les bagages. Ces deux chars destinés à l'évacuation des blessés serviraient aussi aux membres de l'ambulance, soit pour suivre l'armée dans ses divers mouvements, soit pour se rendre sur les champs de bataille.

Les voitures que nous avons vues en Suisse nous semblent le mieux répondre aux indications que nous venons d'énumérer. Elles sont disposées de manière à contenir couchés six hommes gravement blessés ou bien à recevoir douze hommes dont les blessures peuvent leur permettre de rester assis. Le prix d'une de ces voitures est de 2,000 fr., son poids de 800 kil. Deux chevaux peuvent la conduire facilement. Ces voitures sont très-basses ; aussi le placement ou l'enlèvement des malades peut-il s'y faire facilement. Elles sont, en outre, munies d'une tente de recouvrement, qui se compose de deux arceaux en fer pouvant se plier, et pourvus chacun d'une avancée de quatre tringles en fer et d'une bâche de toile imperméable.

Il est aisé de comprendre par cette description qu'il n'est aucune des exigences d'une ambulance en campagne auxquelles ne réponde la disposition générale de cette voiture. Les Prussiens en avaient, eux, si bien compris l'utilité que, pendant le siége de Belfort, ils en empruntèrent deux à la Suisse pour le transport de leurs malades et qu'ils se sont loués hautement des avantages qu'ils en recueillirent. Ces chariots sont très-solidement établis ; car j'ai examiné avec soin ceux que les Prussiens venaient de rendre après s'en être servis sans interruption pendant deux mois, au milieu d'une contrée montagneuse, et ils étaient dans de bonnes conditions.

Mais une chose tout aussi utile, sinon plus, c'est le fourgon d'ambulance tel qu'il existe aujourd'hui en Suisse depuis l'année 1864. Ces fourgons de nouvelle ordonnance m'ont paru bien près de la perfection, s'ils ne l'ont complètement réalisée, et nous auraient rendu, à nous, des services inappréciables. Le fourgon se compose de quatre compartiments divisés chacun en plusieurs cases sur le fond desquelles se trouvent, près de la porte, deux petites roulettes pour faciliter l'entrée et la sortie des caisses contenues dans les cases.

Dans les six cases d'égale dimension des compartiments postérieurs et du milieu, se trouvent six caisses de même grandeur, toutes isolées, pouvant par conséquent être enlevées sans en déranger d'autres, qui sont étiquetées sur les deux faces : *matériel de pansement, instruments et matériel pour fractures, réserve du matériel de pansement, pharmacie, effets d'hôpital, cuisine.* Dans le compartiment antérieur, sont placés les objets de literie distribués en huit ballots ; dans le compartiment supérieur, il y a : les brancards avec leurs pieds, les fanions avec leurs hampes, les pieds et le feuillet de la table, les pliants et les longues attelles, les roues du brancard et le palonnier de réserve. Outre tous ces objets, il reste encore beaucoup d'espace libre où l'on peut mettre de nombreux paquets de linge ou des objets de couverture. Il existe de plus sous le compartiment de devant un tiroir où sont placés les registres, articles de bureau, etc., l'étui pour les outils, la scie, les cordes, les pelotons de ficelle, etc... Enfin à l'extérieur du fourgon se trouvent une hache, une pioche, deux pelles, etc.

Je n'entre pas dans le détail des objets renfermés dans toutes ces caisses ; ils sont choisis et composés de la manière la plus intelligente, et surtout disposés très-pratiquement pour permettre de les prendre et de s'en servir avec la plus grande facilité et le moins de perte de temps.

Le prix d'un fourgon d'ambulance, sans le matériel, est de 1,500 francs ; son poids est de 1,535 kilogrammes.

Je sollicite encore l'attention du Comité sur le *brancard à roues* et sur la *charrette-brancard*, qui sont appelés à rendre de très-grands services pour le transport des blessés dans les ambulances. Les brancards ordinaires s'adaptent facilement à ces systèmes de roues ou de charrette que l'on suspend aux fourgons d'ambulance. Grâce au mécanisme des anneaux en caoutchouc, les malades n'éprouvent aucunes secousses et peuvent être rapidement portés d'un point à un autre et à de grandes distances. Un seul infirmier suffit pour conduire ces brancards ; et aussitôt arrivé à destination, on enlève le cadre sur lequel est couché le blessé, et, pendant qu'on l'installe dans son lit, on place un autre cadre sur l'appareil de roues ou sur la petite charrette, et, sans aucune perte de temps, l'infirmier repart pour recueillir un autre patient. Le poids de la charrette d'ambulance-brancard est de 42 kilogrammes.

Voici donc ce que j'ai l'honneur de proposer à la Société internationale de secours aux blessés, dont le zèle et le dévoûment ont rendu de si importants et signalés services pendant cette guerre, qui a reçu si douloureusement le baptême du feu et dont le populaire et secourable drapeau à la croix rouge est devenu plus que jamais le signe de ralliement de ceux qui souffrent et de ceux qui veulent être utiles. Je voudrais que, dès à présent, elle prenne l'initiative d'études sur l'organisation des ambulances volontaires et sur la composition d'un matériel perfectionné. Ce que j'ai vu et vivement apprécié dans les examens auxquels je me suis livré en Suisse ne m'empêche pas de reconnaître que, malgré les réels avantages que j'ai signalés, il importe de rechercher si, dans les autres États, et notamment à la suite de cette guerre, il ne se sera pas produit encore de nouveaux perfectionnements dont nous devrions profiter, en y joignant les observations que chacun de nous a pu faire. C'est de ces études comparatives seules que peut résulter le progrès sérieux. Aussi, la commission dont nous demandons la création, composée par moitié de médecins ou chirurgiens et de délégués de la Société de secours aux blessés, étudierait les différents matériels d'ambulance qui existent dans chaque pays, et, après une discussion critique, approfondie, publique, proposerait le système qui lui paraîtrait réunir les meilleurs éléments pour le but à atteindre. Du reste, de la combinaison de plusieurs d'entre eux pourrait résulter une installation plus satisfaisante. En énonçant ici à grands traits ce qui a déjà été fait en Suisse, je n'ai voulu que poser le premier jalon de cette étude ; j'ai, par conséquent, omis volontairement bien des détails qui trouveraient utilement leur place dans un travail *in extenso*, comme celui dont j'indique les moyens d'exécution ainsi que le plan.

A ces renseignements, je veux ajouter encore un souvenir. Pendant mon séjour à Orléans, je vis, quelques jours après l'entrée des Prussiens dans cette ville, défiler dans la rue Jeanne-d'Arc, où je passais par hasard, le prince Frédéric-Charles accompagné d'un interminable état-major, à la suite duquel se trouvait une voiture d'ambulance qui captiva immédiatement toute mon attention. Je me mis aussitôt à suivre cette voiture, malgré les regards courroucés que me lançait un infirmier défiant par instinct. Derrière le siége du cocher se trouvait une longue et haute caisse percée de croisées comme les sabords d'un navire. Deux sommiers suspendus par des courroies munies de forts anneaux en caoutchouc étaient placés dans le sens de la longueur, séparés par un intervalle dans le fond duquel était un pliant, où un infirmier se tenait facilement assis, prêt à tous les services. Ces sommiers à crémaillère, légèrement relevés à ce moment, permettaient aux deux blessés, que je pus apercevoir alors commodément étendus, une position analogue à celle que l'on peut prendre dans une grande calèche. Aux cerceaux qui soulevaient la partie inférieure de leurs couvertures, il était facile de reconnaître qu'ils avaient une lésion grave des membres inférieurs. Mais, nonchalamment étendus, fumant leur pipe à la fenêtre entr'ouverte, pouvant jouir et de l'air extérieur et de la vue des objets environnants, le voyage, dans ces conditions, n'avait pour eux rien de pénible. Cette voiture, à peine entrevue et croquée à la course, m'est restée dans la mémoire comme un type parfait de locomotion pour les blessés. Je cherchai plus tard à la revoir, mais il me fut impossible d'en découvrir de nouveaux spécimens.

Je reviens : une fois ces études préparatoires terminées, la Société pourrait faire construire quelques types et quelques modèles qui permettraient d'équiper immédiatement une ou deux ambulances, de corriger celles des défectuosités qu'on ne peut découvrir qu'après l'exécution, et enfin de fabriquer ultérieurement, sans tâtonnements, tous les appareils dont on pourrait avoir besoin. D'ailleurs, la Société de secours aux blessés n'a qu'une patrie, l'humanité; et, de même qu'on l'a fait cette fois pour nous de l'étranger, la France, avec ses instincts généreux et chevaleresques, se trouvera désormais, la croix de Genève à la main, sur tous les champs de bataille.

En résumé donc, voici les propositions que j'ai l'honneur de soumettre aux membres du Comité :

1° Préciser et assurer les immunités du brassard, dont le port doit être strictement restreint au personnel des comités de secours, à celui des ambulances sédentaires et volantes. Les brassards devraient être signés par un délégué de chaque puissance belligérante, signature qui constaterait les garanties que je réclame ;

2° Protection absolue et restitution, en cas de perte, du matériel des ambulances,

3° Toute atteinte portée aux représentants de la Convention de Genève serait déférée à un tribunal de neutres, qui seul ferait une enquête et prononcerait contre les coupables ;

4° Rechercher quelles seraient les mesures à prendre pour autoriser dorénavant le rapatriement immédiat des ambulances restées dans les lignes ennemies, pour leur permettre de donner

leurs soins aux blessés et leur épargner des voyages longs, pénibles, onéreux, qui privent ainsi injustement les armées de ceux
qui se sont dévoués aux soins des malades et des blessés ;

5° Interdiction absolue de distraire le matériel des ambulances de sa destination première, et notamment de le faire servir
au transport des munitions de guerre, etc.;

6° Réglementer d'une manière sérieuse et efficace la protection que le drapeau de la Convention de Genève donne à toute
maison qui reçoit un nombre déterminé à l'avance de blessés.

Enfin, je demande la nomination d'une commission composée
comme je l'ai indiqué ci-dessus, laquelle, après avoir étudié l'organisation et le matériel des ambulances dans les principaux pays,
sera chargée de présenter un rapport sur les résultats de ses
recherches. Création d'un matériel, ou du moins de spécimens
d'un matériel d'ambulance perfectionné qui puisse permettre, à
un moment donné, d'établir des ambulances organisées dans les
meilleures conditions possibles.

Quelques jours avant le retour de notre ambulance en France,
je reçus les deux pièces que je transcris ici textuellement :

Légation de France en Suisse.

« Nous, soussigné, ministre de France près la Confédération
« suisse, certifions que la deuxième ambulance lyonnaise, diri-
« gée par M. le docteur Doyon, a été attachée au service du
« lazaret des militaires français internés à Berne, depuis le
« 12 février dernier jusqu'à ce jour, et que pendant tout ce
« temps les membres de cette ambulance ont fait preuve du zèle
« le plus dévoué et le plus patriotique. Plusieurs d'entre eux ont
« été, en outre, chargés de services importants à Zurich, Bâle,
« Baden, Lutzelfluh, Muri et autres lieux d'internement; dans
« chacune de ces localités, ces messieurs ont, comme leurs col-
« lègues à Berne, rempli leur mission de la manière la plus intel-

« ligente, et ils ont acquis des droits à la reconnaissance de leurs
« compatriotes.

« Berne, le 19 avril 1871.

« *Le ministre de France en Suisse :*

« Signé : Chateaurenard. »

« La deuxième ambulance lyonnaise, dirigée par M. le docteur
« Doyon, a soigné, pendant l'internement de l'armée française
« de l'Est, les malades dans différentes localités de la Suisse
« avec la plus grande persévérance et dévoûment.....

« Berne, le 29 avril 1871.

« *Le chef du département militaire de la
Confédération suisse :*

« Signé : Welti. »

Peu de jours après mon retour, j'adressai à M. le comte d'Espagny, président du Comité de Lyon, la lettre suivante, que je
reproduis également ici :

« Monsieur le président,

« C'est le cœur encore plein des témoignages de vive sym-
« pathie dont tous, en Suisse, nous ont comblés, que je viens,
« au nom de la deuxième ambulance lyonnaise et au mien propre,
« vous dire l'accueil si bienveillant et si empressé que nous
« avons reçu, soit des autorités fédérales, soit de nos confrères.
« Si, dès le début, nos offres de services avaient été écartées, en
« dépit de nos pressantes instances et des démarches réitérées
« des agents diplomatiques français, cela tenait uniquement à un
« malentendu qui n'a pu tenir longtemps devant la sincérité des
« intentions réciproques.

« Mais, je tiens à vous le répéter, dès notre arrivée, nous
« avons trouvé auprès des membres du Conseil fédéral, des chefs
« militaires, des médecins suisses qui ont partagé immédiate-

« ment avec nous la d:rection des ambulances, des comités de
« secours fédéraux et cantonaux, en un mot de la population
« entière, toutes les facilités et tout l'appui qu'il était possible
« d'espérer pour l'accomplissement de l'œuvre philanthropique
« à laquelle sont voués nos efforts communs.

« Aussi, en attendant que je puisse très-prochainement vous
« transmettre le rapport détaillé des travaux de la deuxième
« ambulance lyonnaise durant cette dernière partie de la cam-
« pagne, je viens vous prier, Monsieur le Président, vous dont
« la voix, si légitimement autorisée, a qualité mieux que la
« mienne pour se faire entendre et écouter, de vouloir bien
« être auprès de la Suisse l'interprète de nos sentiments de vive
« et profonde gratitude et pour le bien dont nous avons été
« les témoins émus et à jamais pénétrés, et pour l'accueil cor-
« dial, sympathique, fraternel que nous avons reçu partout, de
« tous, en toutes circonstances.

« Veuillez, Monsieur le Président, agréer l'assurance des sen-
« timents de respectueuse considération avec lesquels j'ai
« l'honneur d'être votre tout dévoué serviteur.

« Dr A. DOYON,

« Chirurgien en chef de la section envoyée en Suisse
de la 2e ambulance lyonnaise. »